동산 중앙의 선악과가
되어버린 **야베스의 기도**

김나사로 지음

동산 중앙의 선악과가
되어버린 야베스의 기도

진리의방주

글을 시작하면서

대학 입시 시즌 즈음에 어떤 교회 입구에 걸려 있는 큰 현수막을 보았다. 그 현수막에는 "자녀 대학 입시를 위한 야베스 기도회"라고 쓰여 있었다. 아마도 입시생을 자녀로 둔 부모들에게 그 기도회는, 그들이 지금까지 살아오는 동안, 그리고 앞으로 살아갈 동안 가장 절박하고, 가장 간절하고, 가장 기나긴 기도의 현장이 되었을 것이다.

얼마 후 어느 조그만 사찰 앞을 지날 때였다. 그 사철 전면에는 "자녀 대학 입시를 위한 기도 도량"이라는 큰 현수막이 걸려 있었다. 참으로 만감이 쓸쓸하게 교차하는 순간이었다.

이제 입시 발표가 끝나면 교회에는 야베스의 기도로 자녀가 대학에 합격했다고 감사헌금 하는 교인들이 있을 것이고, 절에도 자녀가 대학에 합격했다고 시주하며 자기들이 기도했던 도량이 용한 곳이라고 입을 모으는 불자들이 있을 것이다. 그러나 다른 한편에서는 원하는 대학에 가지 못한 자녀를 둔 부모들이 '내가 믿음이 없는 간구를 했던 것일까? 기도를 더 많이 못 했

5

기 때문일까? 작정헌금을 좀 더 많이 못 했기 때문일까? 내가 불심이 약했나? 지성이 부족했나? 이 도량이 영험이 없는 곳인가?'라며 자신들의 연약한 믿음을, 연약한 불심을 회개하고 반성할 것이다.

많은 신앙인의 사업장 입구나 집 안에는 "주께서 내게 복에 복을 더 하사 나의 지경을 넓히시고 주의 손으로 나를 도우사 나로 환난을 벗어나 근심이 없게 하옵소서"(대상 10:4, 개역한글)라고 쓰여진 '야베스의 기도문'이 환난과 근심을 몰아내고 경제적 안정과 평안을 가져다주는 축복의 부적인 양 걸려 있다. 과연 그들은 야베스 기도의 진정한 의미를 알고 있는 것일까? 과연 그들은 하나님의 말씀인 성경이 우리에게 무엇을 구하라고 말씀하고 있는지 알고 있는 것일까?

암으로 투병 중이신 김 모 집사님은 카페를 운영하는 동생뻘 되는 친구를 전도했다. 하나님의 말씀에 은혜를 받으신 후, 한 사람에게라도 이 복음을 전해야겠다는 마음으로 열심을 내시는 집사님이었기에 비록 섬기는 교회가 작고 볼품없는 개척교회였지만 부끄럼 없이 그 친구를 교회에 데리고 갔다고 한다. 그런데 그 친구는 몇 번 교회에 나오더니 어느 날, "언니, 내가 아는 장로님께서 신앙생활은 큰 교회에서 해야 한대. 그래서 ○○교회에 다니기로 했어. 그 교회에서 잘 배운 다음에 언니 교회에 갈게."라는 말을 남기고 그 지역에서 가장 큰 교회에 등록했다고 한다. 그리고 얼마 지나지 않아 "언니, 나 간증할 것 있어. 며칠 전부터 우리 교회 작정 새벽 기도회에 출석했거든, 그런데 그 첫날에 양주를 보통 때보다 몇 병이나 더 팔았지 뭐야! 하나님은 정말 살아계시는가 봐. 내 기도가 응답받았어! 그리고 언니, 우리 교회 목사님을 만나 뵈었는데 꼭 하나님을 만난 것 같아! 너무나 거룩해 보이시는 것 있지!"라고 전화가 왔다고 한다.

이제 김 집사님의 친구는 우리 죄를 위해 그의 아들 예수를 화목제물로 삼아 주신 대속의 하나님이 아니라 기도만 많이 하면 양주 많이 팔게 해 주셔서 매상 팍팍 올려 주시고 언제나 나의 필요를 채워 주시는 하나님을 믿고 섬기며 살아갈 것이다. 과연 김 집사님의 친구는 정과 욕심을 십자가에 못 박고 부모와 처자와 소유에 대해 자기를 부인하는 십자가를 져야 하는 좁은 천국 길을 걸어갈 수 있을까?

군부대 교회에 출석하시는 최 모 집사님 이야기이다. 군인들 승진 시즌이 되면 군부대 교회에는 기도 모임이 있다고 한다. 아니 교회뿐만 아니라 군부대 안에 있는 사찰에도 성당에도 남편의 승진을 위한 아내들의 간절한 기도회가 열린다고 한다. "최 집사, 기도해야 남편이 중령 달지! 아니면 옷 벗어야 되잖아! 열심을 내야지!"라는 권사님의 간절한 권면에 도대체 그 기도회가 못마땅한 최 집사님도 어쩔 수 없이 간식 사 들고 기도회에 가끔 참석했다고 한다.

승진 결과가 나오면 교회에는 몇 명이 승진했고, 사찰에는 몇 명이 승진했고, 성당에는 몇 명이 승진했다는 말이 떠돈다고 한다. 그런데 문제는 승진 발표 후의 후유증이다. 남편이 승진 못 한 여 집사님들은 '승진한 사람의 신앙이 내 남편의 신앙보다도 출중해서 하나님께서 승진시켜 주시는 것인가? 아니면 그 아내의 기도만 하나님께 상달되었는가? 그러면 나의 기도는 무엇이 부족하고 무슨 문제가 있단 말인가? 그렇다면 불자들은 하나님께 기도하지도 않았는데 어떻게 승진했단 말인가?'라는 자책감과 의문 때문에 자신들은 믿음도 없고 기도에 능력도 없는 사람 같아서 괜히 부끄럽고 민망하고 회의가 들어 한동안은 교회 생활이 힘들다고 한다.

대학 합격을 위한 기도, 승진을 위한 기도 등등과 같은 잘못된 목적의 기도는 이처럼 하나님을 부처보다도 무능한 존재로 전락시키거나 기껏 해 봐야 하나님을 부처와 동등의 자리에 놓고 만다. 그것은 자기 자녀를 대학에 합격시켜 주고 자기 남편을 승진시켜 준 하나님처럼 부처도 자기를 따르는 불자의 자녀를 대학에 합격시켜 주고 그 남편을 승진시켜 주었기 때문이다

도대체 오늘날 교인들은 무엇을 하나님께 구하고 있는 것일까? 교회 안에 만연한 이 같은 신앙 행태에서 하나님과 우리 사이의 큰 괴리를 보게 된다. 하나님의 언어와 그 언어가 계시하고 있는 본질과 하나님의 언어를 받아들이고 이해하고 적용하고 있는 우리 사이의 큰 괴리를! 성경이 우리에게 가르치시는 기도와 오늘날 한국 교회 안에서 유행하는 기도에 관한 많은 가르침을 따라 교인들이 구하고 있는 기도 사이의 엄청난 차이를!

기도에 관한 이 작은 책이, 자기를 사랑하고 돈을 사랑하느라(딤후 3:2) 정과 욕심을 십자가에 못 박지 못한 채 하나님의 영광을 위한다는 거창한 명분 아래 이 세상의 부와 성공과 형통을 구하고 있는 온갖 세속적인 기도를 하나님의 나라와 의를 구하는 신령한 기도로 변화시키는 하나님의 도구로 쓰임 받기를 원한다.

더불어, 양의 탈을 쓴 거짓 선생들이 신앙의 소망과 끝을 이 땅에 둔 교인들의 탐심의 욕구를 충족시켜 주기 위해 변질시킨 하나님의 말씀을 제자리로 돌려놓는 작은 불씨가 되기를 간절히 소망한다.

차례

1. 오늘날 우리가 믿음으로 그리고 있는 축복의 꿈

어느 날 밤, 한 유명한 기도원에 볼일이 있어서 찾아가던 중이었다. 기도원 아래쪽에 이르렀을 때, 한 여자분이 손을 흔드시기에 기도원 올라가시는 분으로 생각하고 차에 태워 드렸다. 그분은 차에 앉으시자마자 "성도님 보따리 들고 올라가십니까?"라고 걸걸한 목소리로 물었다. "네? 무슨 보따리요?" "아니 아직 모르세요? 어제 집회 시간에 김 목사님께서 보따리 들고 올라오라고 하셨잖아요?" "네? 무슨……" "김 목사님께서 '꿈을 많이 그리고, 그 그림을 보따리에 넣어서 아버지 앞에 가져오라'고 말씀하셨잖아요? 어제 집회 참석 안 하셨어요?" "아아, 예에, 저는 그림을 안 그렸는데요?!" "아이고 성도님! 믿음으로 그림을 그려야지요! 믿음으로 꿈을 꾸어야지요. 그래야 우리가 믿음으로 그리고, 믿음으로 꾼 꿈대로 다 이루어 주시는 축복을 하나님께 받지요!"라고 안타까이 말씀하셨고, 나는 믿음 없는 한 마리 잃어버린 양이 되어 그분의 훈계를 들어야 했다. 바로 이 모습이 오늘 우리 신앙의 민낯이다.

진정한 믿음의 의미도 모른 채, 목소리만 걸걸해도, 소리 질러 기도만 해도, "주여! 주여!"를 입에 달고만 살아도 '믿음 좋다, 믿음 크다.' 한다. 어디 그뿐인가? 예배시간에 성령의 감동을 받았다고 춤을 추어도, 무엇인가를 보았다 들었다고 말만 해도 앞뒤 분별없이 "와! 엄청난 믿음의 사람이네!" 한다. 그리고 소위 영력 있다는 사람들이 가장 많이 하는 말이 "믿음이 없어서 그래, 믿음이! 믿음으로 해야지!"이다. 요사이는 무슨 꿈을 믿음으로 그리 많이 그리는지는 모르겠지만 인생의 청사진을 많이 그리면 그릴수록 믿음도 좋아지고 커지나 보다. 결국, 오늘날 교회세대가 말하는 믿음은 출세와 성공의 보증 수표가 되고 말았다. 참 부자 되기 쉽고, 출세하기 쉽다.

　신약 성경은 오직 의인은 그 믿음으로 말미암아 산다는 위대한 구원의 교리를 증언하고 있다. 이 놀라운 구원의 비밀을 간직한 책이 바로 구약의 하박국 선지서이다.

　"의인은 그의 믿음으로 말미암아 살리라"(합 2:4)

　우리를 구원하는 믿음의 본질을 알기 위해서는 하박국서에 나타난 의인을 구원하는 믿음의 비밀을 알아야 한다. 하박국서가 간직한 영원한 믿음의 비밀은 내 삶이 아무리 가난과 핍절과 곤고와 굶주림 앞에 직면한다고 할지라도 구원의 한 분 하나님만을 인하여 기뻐하고 즐거워하는 것이다.

"비록 무화과나무가 무성하지 못하며 포도나무에 열매가 없으며 감람나무에 소출이 없으며 밭에 먹을 것이 없으며 우리에 양이 없으며 외양간에 소가 없을지라도 나는 여호와로 말미암아 즐거워하며 나의 구원의 하나님으로 말미암아 기뻐하리로다"(합 3:17~18)

오늘 우리는 무화과나무가 무성해지고, 포도나무의 열매가 풍성해지고, 감람나무의 소출이 넘치고, 밭의 식물이 풍성하게 수확되며, 우리에 양이 차고 넘치며, 외양간에 소가 차고 넘치는 그림을 마음에 그리며 인생의 축복을 꿈꾼다. 바로 이것이 오늘 우리 교회세대를 풍미하는 꿈이 있는 자는 망하지 않는다는 믿음이고, 긍정적 사고의 믿음이고, 긍정적 입술의 믿음이다. 이처럼 만사형통하고 잘되고 부자 되고 성공하는 것을 바라보는 것이 믿음이 되었기에 오늘 우리는 무화과나무와 포나무의 열매가 조금은 결실해야, 감람나무에 소출이 조금은 있어야, 밭에 식물이 조금은 수확되어야, 우리에 양이 몇 마리는 있어야, 외양간에 소가 몇 마리는 있어야 절망하지 않고 감사한다.

우리는 무화과나무가 무성하지 못하고, 포도나무에 열매가 별로 없고, 감람나무에 소출이 별로 없고, 밭에 식물이 별로 없고, 우리에 양이 한두 마리밖에 없고, 외양간에 소가 한 마리밖에 없으면 원망하고 불평한다. 그뿐만 아니라 무화과나무가 무성하지 못하고, 포도나무에 열매가 없고, 감람나무에 소출이 없고, 밭에 식물이 없고, 우리에 양이 한 마리도 없고, 외양간에 소가 한 마리도 없는 사람은 곧 믿음이 없는 사람이 되고, 신앙 생활 잘못한 사람이 되고, 하나님께 복 받지 못한 사람이 된다. 이유는 가난이 저주라고 배웠기 때문이다.

오늘 우리는 무화과나무가 무성하지 못하고, 포도나무에 열매가 없으며, 감람나무에 소출이 없으며, 밭에 식물이 없으며, 우리에 양이 없으며, 외양간에 소가 없을지라도 구원의 하나님 한 분만을 인하여 기뻐하고 즐거워해야 하는 믿음의 비밀을 잃어버렸다.

참된 믿음은 풍성한 결실과 수확과 소유를 꿈꾸며 입으로 시인하는 것이 아니라 무화과나무가 무성하지 못하고, 포도나무에 열매가 하나도 없으며, 감람나무에 소출이 없으며, 밭에 식물이 하나도 없으며, 우리에 양이 한 마리도 없으며, 외양간에 소가 한 마리 없어도 구원의 한 분 하나님으로 기뻐하고 즐거워하는 것이다.

하박국 선지자가 다가오는 절망의 현실을 직시하며 모든 것을 잃어버리는 순간에라도 간직하고자 했던 오로지 하나의 진주는 구원의 한 분 하나님이다. 결국, 그는 밭에 감추인 진주를 소유하기 위해 자기가 가진 모든 소유를 팔기까지 할 수 있는 참되고 큰 믿음을 소유한 사람이다. 우리 모두 이 큰 믿음의 비밀을 배우고, 이 큰 믿음의 비밀을 영원히 간직하는 참된 믿음의 사람이 되어야 한다.

2. 약속된 하나님의 복과 우리가 소원하는 복

하나님께서 우리에게 주고자 하시는 복은 어떤 복일까? 복 받기를 소망했던 어떤 사람이 천국에서 경험한 짤막한 이야기를 간증했다. 그는 천국에서 베드로의 안내를 받아 천사들이 부르는 황홀한 노랫소리 속에서 이상하게 생긴 건물 하나를 보았다. 그래서 그는 마음 약한 베드로에게 사정사정해서 비밀의 문을 통해 그곳에 들어갔고, 거기서 그는 빨간 리본으로 묶인 하얀 상자들이 선반 위에 빼곡히 쌓여 있는 것을 보았다. 그리고 그는 상자 속을 보여 주기 망설이는 베드로의 저지를 틈을 타서 재빠르게 뚫고 들어가 자기 이름이 적힌 상자의 리본을 풀고 마침내 뚜껑을 열고야 말았다. 그리고 그 상자 속에서 자신이 이 땅에서 구했다면 당연히 받을 수 있었건만 구하지 않았기 때문에 받지 못했던 수많은 복을 목격하게 되었다. 그 후 그는 베드로의 긴 한숨 소리를 들었다.

결국, 그가 이 간증을 통해 말하려는 것은 "구하라 그리하면 너희에게 주실 것이요"(마 7:7)라고 약속하셨던 주님의 말씀대로 우리가 구하지 않았기 때문에 "너희가 얻지 못함은 구하지 아니하기 때문이요"(약 4:2)라고 책망했던 야고보 선생의 교훈처럼 우리가 받을 복을 다 받지 못한다는 것이다. 그리고 그는 강변한다. "우리의 문제는 하나님께 복을 구하지 않아서 받을 복들을 잃어버린 것이다."라고. 그러나 여기서 문제는 오늘날 우리가 생각하고 구하는 복과 하나님께서 약속하신 복이 너무나 다르다는 것이다.

하나님께서는 영원한 복을 명하셨다.

"여호와께서 복을 명령하셨나니 곧 영생이로다"(시 133:3후)

우리를 위해서 예비된 복은 천국 창고 안에 있는 빨간 리본으로 묶은 하얀 상자 속에 있는 잡다한 복이 아니다. 우리를 위해 예비된 복은 예수 그리스도와 함께 하나님 안에 감추인 생명이다. 그러므로 예수 그리스도께서 이 땅에 다시 오실 때 가져오실 복은 빨간 리본으로 묶은 하얀 상자 속의 세상적 복이 아니라 영생이다. 그러므로 사도 바울은 예수 그리스도께서 다시 오실 때 하나님 안에 감추인 우리의 생명이 함께 올 것이기 때문에 땅에 소망을 두지 말라고 경계했다.

"위의 것을 생각하고 땅의 것을 생각하지 말라 이는 너희가 죽었고 너희 생명이 그리스도와 함께 하나님 안에 감추어졌음이라 우리 생명이신 그리스도께서 나타나실 그 때에 너희도 그와 함께 영광 중에 나타나리라"(골 3:2~4)

사도 요한은 이 세상에 있는 모든 것을 하나님과 더불어 소망해서는 안 될 욕심으로 규정하면서 영원히 하나님과 거하기 위해 세상에 있는 '어느 것'들이 아니라 '모든 것'을 사랑하지 말라고 당부했다.

"이 세상이나 세상에 있는 것들을 사랑하지 말라 누구든지 세상을 사랑하면 아버지의 사랑이 그 안에 있지 아니하니 이는 세상에 있는 모든 것이 육신의 정욕과 안목의 정욕과 이생의 자랑이니 다 아버지께로부터 온 것이 아니요 세상으로부터 온 것이라 이 세상도, 그 정욕도 지나가되 오직 하나님의 뜻을 행하는 자는 영원히 거하느니라"(요일 2:15~17)

우리가 꿈꾸는 복이 이 세상 속에 속한 것이라면 우리는 땅의 것을 생각하는 자들이고 결국에는 하나님의 영원한 생명을 누릴 수가 없다.

사도 베드로는 성도들을 향해 이 땅에서 복을 받고 누리라고 말했던 것이 아니라 예수 그리스도께서 나타나실 때 가져올 은혜를 소망하라고 했다.

　"너희 마음의 허리를 동이고 근신하여 예수 그리스도께서 나타나실 때에 너희에게 가져다주실 은혜를 온전히 바랄지어다"(벧전 1:13)

　우리에게 가져오실 하나님의 은혜는 이 세상에 있는 것이 아니라 장차 예수 그리스도께서 나타나실 때 가져오실 은혜이다. 그러므로 성도의 소망의 영역은 보이고 사라지는 이 땅에 있는 것이 아니라 미래적 소망의 영역으로서 장차 나타날 은혜이다. 이 은혜는 바로 사도 바울이 말했던 예수 그리스도께서 나타나실 때 가져오실 하나님 안에 감추인 우리의 생명이다(골 3:3~4). 이 생명은 지극히 크고 영원한 영광의 중한 것이다(고후 4:17; 골 3:4). 그러므로 사도 바울은 이 생명의 영광을 쟁취하기 위해, 즉 보이지 않는 영원함을 위해 믿음으로 행하고 보는 것으로 하지 말라고 당부했다(고후 4:18; 5:7).

　오늘 우리는 보이지 않는 영원하고도 중한 생명의 영광에 동참하기 위해 이 영원한 생명을 믿음으로 바라보며, 자기를 부인하는 십자가의 좁은 길을 가는 것이 아니라 보이는 인생의 꿈을 쟁취하기 위해 천하만국 영광의 대로를 달려가고 있다. 결국, 우리는 보이는 것에 현혹되어 보이지 않는 영원하고도 중한 생명의 꿈을 상실했다.

사도 베드로는 장차 나타날 생명의 영광에 동참하기 위해 이 땅에 보이는 인생의 꿈을 가지라고 했던 것이 아니라 영혼을 거슬러 싸우는 육체의 정욕을 제어하라고 했다. 그것은 우리가 가야 할 신앙의 길이, 종국에는 사라질 인생의 꿈을 이루어 잠시 잠깐 역사의 주인공이 되는 길이 아니라, 우리의 본향인 영원을 향해 떠나가야 할 나그네와 행인의 길이기 때문이다.

"사랑하는 자들아 거류민과 나그네 같은 너희를 권하노니 영혼을 거슬러 싸우는 육체의 정욕을 제어하라"(벧전 2:11)

이렇게 교훈한 사도 베드로가 우리가 빨간 리본으로 묶인 하얀 상자 속의 여러 가지 복들을 받지 못한다고 깊은 한숨을 쉬었다는 것이 과연 말이 되는 소리인가?

영생의 복은 성령 안에서 성취된다.

"예수를 죽은 자 가운데서 살리신 이의 영이 너희 안에 거하시면 그리스도 예수를 죽은 자 가운데서 살리신 이가 너희 안에 거하시는

그의 영으로 말미암아 너희 죽을 몸도 살리시리라"(롬 8:11)

그러므로 주님께서는 빨간 리본에 묶인 하얀 상자 속의 여러 가지 복들을 받지 못할까 한숨을 쉬셨던 것이 아니라 제자들을 향해 숨을 내쉬며 성령을 받으라고 말씀하셨던 것이다.

"그들을 향하사 숨을 내쉬며 이르시되 성령을 받으라"(요 20:22)

우리가 구하고 찾고 두드려야 하는 것은 빨간 리본에 묶인 하얀 상자 속의 복들이 아니라 성령이다. 그것은 하나님께서 우리에게 주시는 가장 좋은 선물이 성령이기 때문이다(눅 11:9~13).

사도 바울은 셋째 하늘에 올라갔지만, 아브라함을 만나지도 못했고 선물 꾸러미를 보지도 못했고, 단지 사람이 가히 이르지 못할 말할 수 없는 말들을 들었다(고후 12:2~4). 사도 요한도 성령의 감동으로 환상 가운데 열린 문을 통해 하늘로 올라갔지만, 아브라함이나 베드로를 만났던 것이 아니라 네 생물과 이십사 장로들이 보좌에 앉으신 이에게 밤낮 쉬지 않고 찬양하며 경배하고 영광을 돌리는 것을 보았을 뿐이다.

"이 일 후에 내가 보니 하늘에 열린 문이 있는데 내가 들은 바 처음에 내게 말하던 나팔 소리 같은 그 음성이 이르되 이리로 올라오라 이후에 마땅히 일어날 일들을 내가 네게 보이리라 하시더라 내가 곧 성령에 감동되었더니 보라 하늘에 보좌를 베풀었고 그 보좌 위에 앉으신 이가 있는데"(계 4:1~2)

"네 생물은 각각 여섯 날개를 가졌고 그 안과 주위에는 눈들이 가득하더라 그들이 밤낮 쉬지 않고 이르기를 거룩하다 거룩하다 거룩하다 주 하나님 곧 전능하신 이여 전에도 계셨고 이제도 계시고 장차 오실 이시라 하고 그 생물들이 보좌에 앉으사 세세토록 살아 계시는 이에게 영광과 존귀와 감사를 돌릴 때에 이십사 장로들이 보좌에 앉으신 이 앞에 엎드려 세세토록 살아 계시는 이에게 경배하고 자기의 관을 보좌 앞에 드리며 이르되 우리 주 하나님이여 영광과 존귀와 권능을 받으시는 것이 합당하오니 주께서 만물을 지으신지라 만물이 주의 뜻대로 있었고 또 지으심을 받았나이다 하더라"(계 4:8~11)

그런데 오늘날 간증들을 들어 보면 모두가 하나같이 천국에 올라갔다 하면 기어이 사도 베드로를 만났다거나, 죽은 아버지를 만났다거나, 노인 아브라함을 만났다거나 그들로부터 세상의 금은보화와 관련된 선물 꾸러미를 보았다고 말한다. 그것은 신앙인들이 본향을 향해 나그네와 행인 같은 신앙의 길을 걸어가는 것이 아니라 사욕에 사로잡혀 이 땅에 안주하려는 신앙을 하고 있음을 반증하는 것이다.

3. 하나님께서 우리에게 주신 가장 좋은 선물

오늘날 우리는, 야베스의 기도를 통해 하나님은 너무나 좋으신 분이기 때문에 우리에게 가장 좋은 것을 주시고 모든 것을 주시는 하나님이시므로 고통과 수고와 어려운 환경 속에서 가난과 실패를 운명으로 받아들이지 말고, 복 받을 운명으로 바꿀 것을 가르치고 배운다. 이 가르침에 의하면, 하나님의 복은 예정된 대로 부슬비처럼 내리는 것이 아니라 인간의 노력으로 쟁취해야 하므로 야베스가 기도했던 것처럼 복에 복을 구해야 한다고 한다.

오늘 우리는 하나님께 복 받기를 평생 구하고, 더 많이 복 받기를 기도하고 구하겠다고 다짐하며 입술로 '복! 복! 복!' 한다. 좋으신 하나님께 복을 구하지 않는 것은 자비롭고 은혜롭고 노하기를 더디 하시고 인자와 진실이 많으신(출 34:6) 하나님의 본성을 제한하는 것이라고 한다. 그래서 풍성하신 하나님께 부족하게 구하지 말고, 넉넉하게 구해야 한다고 마음껏 기도한다.

물론 하나님께서 우리에게 가장 좋은 것을 차고 넘치도록 후하게 주신다는 것은 너무나 명백한 진리이다. 그러나 문제는 '하나님께서 우리에게 주고자 하시는' 가장 좋은 것과 모든 것이 '우리가 바라고 소원하는' 가장 좋은 것과 모든 것과는 하늘과 땅의 차이만큼 다르다는 데 있다.

하나님께서 우리에게 주시는 가장 좋은 것, 그리고 우리에게 주실 수 있는 모든 것을 입시생들은 대학 진학이라 생각하고, 결혼 적령기의 남녀는 좋은 배필 만나는 것으로 생각하고, 취업 준비하는 사람들은 바라는 직장에 입사하는 것으로 생각하고, 직장을 다니는 사람들은 승진하는 것으로 생각하고, 운동하는 사람들은 고액 연봉 받는 프로 선수가 되는 것으로 생각하고, 공직에 입후보한 사람들은 공직에 당선되는 것으로 생각한다. 이처럼 저마다의 입장에서 바라고 소원하는 바가 이루어지는 것이 하나님께서 우리에게 주시는 가장 좋은 것이고 모든 것으로 생각하기 때문에 오늘날 이와 같은 소원들을 구하는 것이 야베스의 기도가 되어 버렸다. 그러나 하늘이 땅에서 높음같이 하나님의 생각은 우리 생각과는 차원이 다르다.

'하나님께서 우리에게 주고자 하시는' 가장 좋은 선물과 모든 것은 이 땅의 물질과도 상관없고, 명예와도 상관없고, 형통과도 상관없고, 출세와도 상관없고, 성공과도 상관이 없다. 그것은 하나님께서 우리 인생을 수에 칠 가치가 없는 호흡으로 생각하시고 떨어지고 쇠잔하는 꽃의 영광으로 생각하시기 때문이다.

"너희는 인생을 의지하지 말라 그의 호흡은 코에 있나니 셈할 가치가 어디 있느냐"(사 2:22)

"말하는 자의 소리여 이르되 외치라 대답하되 내가 무엇이라 외치리이까 하니 이르되 모든 육체는 풀이요 그의 모든 아름다움은 들의 꽃과 같으니 풀은 마르고 꽃이 시듦은 여호와의 기운이 그 위에 붊이라 이 백성은 실로 풀이로다 풀은 마르고 꽃은 시드나 우리 하나님의 말씀은 영원히 서리라 하라"(사 40:6~8)

야고보 선생은 "후히 주시고 꾸짖지 아니하시는 하나님께 구하라 그리하면 주시리라"는 약속의 말씀을 교회에게 주신 이후에 인생의 부(富)를 풀의 꽃이라고, 떨어지는 꽃의 아름다움이라고 했다.

"너희 중에 누구든지 지혜가 부족하거든 모든 사람에게 후히 주시고 꾸짖지 아니하시는 하나님께 구하라 그리하면 주시리라"(약 1:5)

"부한 자는 자기의 낮아짐을 자랑할지니 이는 그가 풀의 꽃과 같이 지나감이라 해가 돋고 뜨거운 바람이 불어 풀을 말리면 꽃이 떨어져 그 모양의 아름다움이 없어지나니 부한 자도 그 행하는 일에 이와 같이 쇠잔하리라"(약 1:10~11)

결국, 후히 주시고 꾸짖지 아니하시는 하나님께 기도해서 받을 수 있는 '모든 것'에는 풀의 꽃과 같고 떨어지는 꽃의 아름다움에 불과한 인생의 부와 성공과 명예는 해당하지 않는다.

주님께서는, 우리에게 주시는 가장 좋은 선물이 성령이라고 분명히 말씀하셨다. 그러므로 가장 좋은 것을 주시는 하나님께서 우리의 구하고 찾고 두드리는 간절한 기도에 응답하시는 복은 성령이다.

"내가 또 너희에게 이르노니 구하라 그러면 너희에게 주실 것이요 찾으라 그러면 찾아낼 것이요 문을 두드리라 그러면 너희에게 열릴 것이니 구하는 이마다 받을 것이요 찾는 이는 찾아낼 것이요 두드리는 이에게는 열릴 것이니라 너희 중에 아버지 된 자로서 누가 아들이 생선을 달라 하는데 생선 대신에 뱀을 주며 알을 달라 하는데 전갈을 주겠느냐 너희가 악할지라도 좋은 것을 자식에게 줄 줄 알거든 하물며 너희 하늘 아버지께서 구하는 자에게 성령을 주시지 않겠느냐 하시니

라"(눅 11:9~13)

하나님께서 후히 주시고 꾸짖지 아니하시는 하나님이신 이
유는 구하는 자에게 주시고, 찾는 자에게 찾게 해 주시고, 두드
리는 자에게 열어 주시는 하나님이시기 때문이다. 이 땅의 아
버지도 생선 대신 뱀을 주지 않고, 알 대신 전갈을 주지 않는다.
그러므로 좋으신 하나님께서는 우리에게 가장 좋은 것을 주신
다. 바로 그 '가장 좋은 것'이 이 땅에 우리와 함께 계시는 '성령
님'이시다.

하나님께서 우리에게 주시는 모든 좋은 것은 성령 안에 있
다. 그러므로 사도 바울은 하나님께서 주시는 가장 좋은 선물인
성령을 통해 하늘의 기쁨과 부요를 소유했기에 모든 것을 가진
자라고 자랑할 수 있었다.

"근심하는 자 같으나 항상 기뻐하고 가난한 자 같으나 많은 사람을
부요하게 하고 아무것도 없는 자 같으나 모든 것을 가진 자로다"(고후
6:10)

4. 무엇이든지 믿고 기도하면 다 받는다는 것

예루살렘에 입성하신 주님께서는 이른 아침에 길가에 있는 한 무화과나무를 저주하셨다. 그리고 그 나무가 곧 마른 것을 보고 놀란 제자들을 향해 기도에 대한 교훈을 주셨다. 그 교훈의 핵심은 의심치 않고 믿고 구하면 다 받는다는 것이다.

"이른 아침에 성으로 들어오실 때에 시장하신지라 길 가에서 한 무화과나무를 보시고 그리로 가사 잎사귀밖에 아무것도 찾지 못하시고 나무에게 이르시되 이제부터 영원토록 네가 열매를 맺지 못하리라 하시니 무화과나무가 곧 마른지라 제자들이 보고 이상히 여겨 이르되 무화과나무가 어찌하여 곧 말랐나이까 예수께서 대답하여 이르시되 내가 진실로 너희에게 이르노니 만일 너희가 믿음이 있고 의심하지 아니하면 이 무화과나무에게 된 이런 일만 할 뿐 아니라 이 산더러 들려 바다에 던져지라 하여도 될 것이요 너희가 기도할 때에 무엇이든지 믿고 구하는 것은 다 받으리라 하시니라"(마 21:18~22)

여기서 생각해 보아야 할 문제는 믿고 기도해서 다 받는 것이 과연 이 세상의 금은보화인가, 아니면 또 다른 무엇인가라는 것이다. 먼저 우리는 사도 바울의 축복의 메시지를 유념할 필요가 있다.

"찬송하리로다 하나님 곧 우리 주 예수 그리스도의 아버지께서 그리스도 안에서 하늘에 속한 모든 신령한 복을 우리에게 주시되"(엡 1:3)

그렇다. 우리가 기도해서 무엇이든지 다 받을 수 있는 것은 이 땅에 속한 세속적인 복이 아니라 하늘에 속한 모든 신령한 복이다. 하늘에 속한 모든 신령한 복은 꿈을 가진다고 소유할 수 있는 것도 아니며 긍정적 사고를 한다고 소유할 수 있는 것도 아니라, 오로지 성령 안에서 주어지는 복이다. 그러므로 기도할 때에 무엇이든지 믿고 구하는 것은 다 받는다고 마태복음 21:22에 기록된 주님의 약속의 말씀이 누가복음 11:9~13에서는 구하는 이마다 받고, 찾는 이마다 찾고, 두드리는 이에게 열린다는 약속의 말씀으로 기록되었고, 세상의 아비도 아들에게 좋은 것을 줄 줄 알거든 하물며 천부께서 구하는 자에게 성령을 주시지 않겠느냐는 말씀으로 기록되어 있는 것이다.

결국 마태복음과 누가복음에서 기도에 대해 말씀하신 주님의 약속을 요약하면 무엇이든지 믿고 구하면 다 받을 수 있으므로 구해야 하고, 찾아야 하고, 두드려야 하는데 구하고 찾고 두드림으로 우리에게 주어지는 것은 이 세상의 금은보화가 아니라 하나님께서 우리에게 주시는 가장 좋은 선물인 성령이고, 우리는 이 성령 안에서 하늘에 속한 모든 신령한 복을 다 받을 수 있다는 말씀이다. 그러므로 우리가 구해야 하는 것은 이 땅의 금은보화가 아니라 성령이다.

마가복음 또한 무엇이든지 기도하고 구하는 것을 받은 줄로 믿으면 그대로 된다는 주님의 말씀을 전하고 있다.

"그들이 아침에 지나갈 때에 무화과나무가 뿌리째 마른 것을 보고 베드로가 생각이 나서 여짜오되 랍비여 보소서 저주하신 무화과나무가 말랐나이다 예수께서 그들에게 대답하여 이르시되 하나님을 믿으라 내가 진실로 너희에게 이르노니 누구든지 이 산더러 들리어 바다에 던져지라 하며 그 말하는 것이 이루어질 줄 믿고 마음에 의심하지 아니하면 그대로 되리라 그러므로 내가 너희에게 말하노니 무엇이든지 기도하고 구하는 것은 받은 줄로 믿으라 그리하면 너희에게 그대로 되리라"(막 11:20~24)

이처럼, 믿고 기도하면 무엇이든지 다 받고 그대로 된다는 주님의 말씀을 요한복음에서는 예수 그리스도의 이름으로 무엇이든지 구하면 하나님께서 시행하신다는 말씀으로 기록하고 있다.

"내가 진실로 진실로 너희에게 이르노니 나를 믿는 자는 내가 하는 일을 그도 할 것이요 또한 그보다 큰 일도 하리니 이는 내가 아버지께로 감이라 너희가 내 이름으로 무엇을 구하든지 내가 행하리니 이는 아버지로 하여금 아들로 말미암아 영광을 받으시게 하려 함이라 내 이름으로 무엇이든지 내게 구하면 내가 행하리라 너희가 나를 사랑하면 나의 계명을 지키리라 내가 아버지께 구하겠으니 그가 또 다른 보혜사를 너희에게 주사 영원토록 너희와 함께 있게 하리니 그는 진리의 영이라 세상은 능히 그를 받지 못하나니 이는 그를 보지도 못하고 알지도 못함이라 그러나 너희는 그를 아나니 그는 너희와 함께 거하심이요 또 너희 속에 계시겠음이라"(요 14:12~17)

주님께서는 당신을 믿으면 당신의 하는 일도 할 뿐만 아니라 당신께서 하신 일보다 더 큰 일도 할 수 있다고 말씀하셨다(12절). 더 큰 일을 할 수 있다는 것은 마태나 마가복음에서처럼 예수 그리스도를 믿는 자는 예수 그리스도께서 하셨던 것처럼 무화과나무를 저주하여 마르게 할 수 있을 뿐만 아니라 더 큰 일인 산도 명하여 바다에 던질 수 있으니 결국 무엇이든지 할 수 있다는 것이다. 그래서 기도할 때 믿고 무엇이든지 구하면 다 받을 수 있다는 마태·마가복음에 기록된 예수 그리스도의 말씀을 사도 요한은 우리가 예수 그리스도의 이름으로 무엇이든지 구하면 예수께서 시행하신다는 말씀으로 기록했던 것이다(12~14절).

우리가 예수 그리스도의 이름으로 아버지께 구할 수 있는 것은 예수 그리스도께서 아버지께로 가셨기 때문이다(12절). 이처럼 주님께서는 당신의 이름으로 무엇이든지 믿음으로 구할 것을 명령하셨고, 믿고 구하면 다 받는다고 약속하셨다. 그것은 하나님께서 예수 그리스도의 이름으로 무엇이든지 시행하실 것이기 때문이다(14절).

그런데 요한복음에서 주님께서는 당신의 이름으로 구해야 하는 것이 또 다른 보혜사인 성령이라고 말씀하셨다(16절). 이 성령은 이 세상 누구도 받을 수 없고 오직 예수 그리스도를 믿는 믿음의 사람들만이 기도해서 받을 수 있는 하나님의 선물이다(눅 11:13; 요 14:17).

예수 그리스도께서 아버지께로 가셨기 때문에 우리가 예수 그리스도의 이름으로 구해야 하는 것은 세상의 부요와 형통과 영향력이 아니라 떠나가신 예수 그리스도를 대신해서 우리 속에 영원히 거하실 약속의 보혜사인 성령이다. 그러므로 우리가 기도해서 받아야 하고, 반드시 받을 수 있는 하나님께서 주시는 모든 것은 성령 안에 있는 하늘의 부요이다.

이사야 선지자는 오래전 예수 그리스도로 말미암는 축복 된 시대의 도래를 바라보면서 하나님의 성령으로 말미암을 위대한 부요의 세계를 노래했다.

"마침내 위에서부터 영을 우리에게 부어 주시리니 광야가 아름다운 밭이 되며 아름다운 밭을 숲으로 여기게 되리라"(사 32:15)

이사야 선지자는 성령께서 이 땅에 강림하시는 날, 광야가 아름다운 밭이 된다고 예언했다. 육적인 안목의 이스라엘 백성은 이 약속의 말씀을 부여잡고 하나님의 신이 이 땅에 강림하시면 그들의 메마른 땅이 오곡백과를 결실하는 아름다운 밭이 되어 풍성한 육적 배부름의 축복을 누리게 될 것이라고 상상했을 것이다. 그러나 성령 하나님께서 이 땅에 강림하시는 날, 팔레스타인의 메마른 땅이 실제로 오곡백과를 결실하는 옥토로 변화되지 않았다.

이 약속의 말씀은 이 땅에 성령께서 강림하시는 날, 회개함으로 예수 그리스도를 믿고 성령의 단비를 선물로 받은 당신 백성의 메마른 심령의 대지 위에 의와 평강과 희락의 열매가 풍성하게 결실되는 것으로 성취되었다.

"베드로가 이르되 너희가 회개하여 각각 예수 그리스도의 이름으로 세례를 받고 죄 사함을 받으라 그리하면 성령의 선물을 받으리니"(행 2:38)

"하나님의 나라는 먹는 것과 마시는 것이 아니요 오직 성령 안에 있는 의와 평강과 희락이라"(롬 14:17)

바로 이 성령 하나님 안에서 오늘 우리는 우리의 고통이 치유되고, 우리의 눈물이 씻겨지고, 우리의 아픔이 위로받고, 우리의 근심이 기쁨으로 변하는 신령한 복을 받게 되었다.

그런데 어떤 큰 교회 목사님께서 광야가 못이 되며 마른 땅이 샘 근원이 될 것이라는(사 41:18) 이사야 선지자의 예언을 가정과 나라의 경제 부흥을 약속하신 말씀이라고 설파했고 교인들은 경제 부흥을 꿈꾸며 소리 높여 아멘 하는 것을 보았다. 하나님의 말씀이 왜곡되는 안타까운 순간이었다.

오늘날 수건을 벗은 얼굴로 하나님의 영광의 말씀을 대면해야 할 영적 이스라엘인 우리가 수건을 덮은 얼굴로 하나님의 영광을 대면했던 구약 이스라엘 백성처럼 아직도 육적 안목에 사로잡혀 성령 안에서 하늘에 속한 신령한 복을 누리지 못하고 이 땅의 광야에 오곡백과가 결실하는 물적 축복을 꿈꾸고 있으니 한심하기 그지없다.

5. 학사 에스라가 야베스의 기도문을 기록했던 목적

야베스의 기도를 바르게 이해하기 위해서는 야베스의 기도가 기록된 역대서 성경이 언제 기록되었으며, 어떤 시대적 배경을 가지고 기록되었고, 역대서 성경을 저술한 저자의 신앙관이 무엇이며, 또한 저자가 역대서 성경을 읽게 될 독자들에게 무엇을 전하려 했는지 그 저술 목적을 살펴보아야 한다.

야베스의 기도가 기록된 역대상은 이스라엘 백성의 포로귀환 시기에 모세의 율법에 정통했던 학사 에스라가 기록했다는 것이 대체적인 시각이다. 기원전 930년 통일 왕국 이스라엘이 북이스라엘의 여로보암 왕조와 남유다의 르호보암 왕조로 분리된 후, 하나님에 대한 신앙의 배도를 계속해 오다가 먼저 북이스라엘이 기원전 722년 앗시리아 제국에 의해 심판을 받았고, 이후 다윗 왕권의 계승자로 자부했던 남유다 또한 기원전 586년 바벨론 왕 느부갓네살의 세 번째 침략으로 완전한 멸망의 심판을 받았다.

예루살렘은 바벨론 왕 느부갓네살의 세 차례에 걸친 침략으로(기원전 606년, 597년, 586년) 예레미야 선지자가 예언했던 대로 폐허가 되었고 유다의 모든 백성은 칠십 년 동안 바벨론 왕을 섬기게 되었다(렘 25:11). 예루살렘에는 극빈자와 불구자와 부랑자들만이 남았고 나머지 모든 유다 백성은 포로가 되어 바벨론에서 70년간을 살면서 고향 땅 예루살렘을 다시 밟아 보지 못했다. 70년의 기한이 찬 후에야 그들은 바사 제국(페르시아 제국)의 고레스 대왕의 칙령에 의해서 본국으로 귀환하게 되는데, 바벨론으로 포로 되어 갈 때도 세 차례에 걸쳐서 포로되어 갔듯이 본국으로의 귀환도 세 차례에 걸쳐서 이루어졌다. 제1차 포로귀환은 스룹바벨에 의해서 기원전 538~515년 사이에 이루어졌고, 제2차 포로귀환은 1차 포로귀환 때로부터 80년의 세월이 흐른 후에 학사 에스라에 의해서 기원전 457년에 이루어졌고, 마지막 3차 귀환은 기원전 444~425년 사이에 바사 제국의 아닥사스다 왕의 술 맡은 관원이었던 느헤미야에 의해서 이루어졌다.

야베스의 기도가 기록된 역대상은 학사 에스라에 의해 2차 포로귀환이 이루어지던 때를 시대적 배경으로 하고 있다. 그 당시 본국으로 귀환했던 1,754명의 유다 백성은(스 1~10장) 바벨론에 포로로 잡혀가서 70년의 시간이 흐르는 동안 그곳에서 어느 정도 생활 기반을 다지고 경제적 안정을 누리고 있었던 사람들이다. 그러나 오로지, 잃어버렸던 야웨 하나님에 대한 신앙을 되찾고, 재건된 하나님의 예루살렘 성전을 중심으로 다시 한 번 유일신 야웨 신앙을 회복하려는 한 가지 열정으로 바벨론에서의 모든 안정적인 생활 기반을 포기하고 과감히 예루살렘을 향해 귀환 길에 올랐던 위대한 신앙의 세대이다.

만약 우리가 자녀의 진학 문제로, 혹은 남편의 직장 문제로 부산에서 서울로 이사해야 한다면 모든 부동산을 정리한 현금을 통장에 입금해 두었다가 서울로 올라가서 마음에 드는 아파트 구입해서 살면 그만이다. 거리도 서울과 부산은 400km에 불과하고 이삿짐도 서비스 좋은 이삿짐센터에서 하루면 목적지까지 배송해서 정리 정돈까지 해 준다. 그러나 그 당시에 포로 되어 갔던 유다 백성이 바벨론에서의 모든 기반을 버려두고 오로지 야웨 신앙을 찾아 예루살렘으로의 귀환을 결단했을 때는 그들이 땀 흘려 지었던 집과 외양간과 우리를 버려야 했고, 그들이 땀 흘려 경작했던 밭을 버려야 했다. 그리고 양과 소를 이끌고 울며 보채는 자녀들을 달래어 가며 사막의 극심한 일교차 속에서 밤에는 추위를, 낮에는 더위를 무릅쓰고 수천 킬로의 여정을 수개월에 걸쳐 들짐승의 위협과 갈증의 고통과 심지어 도적 떼와 이방 침략자들의 위협을 무릅쓰고 도보로 걷고 걸어 행군해야 했다. 천고만난 끝에 예루살렘에 당도했어도, 도착

즉시 현찰로 집을 구할 수 있는 상황도 논밭과 외양간과 우리를 살 수 있는 상황도 아니었다.

지금으로부터 불과 200년 전에 아메리카 신대륙으로 신앙의 자유를 찾아 떠났던 청교도들이 불굴의 투지로 피땀을 흘리며 서부를 개척했듯이 바벨론 포로에서 돌아온 이스라엘 백성도 새롭게 집을 지어야 했고, 밭을 일구어야 했고, 포도원을 가꾸어야 했고, 무화과밭을 경작해야 했고, 외양간과 우리를 만들어야 했다. 그럼에도 그들은 오로지 신앙을 회복하려는 그 한 가지 열정을 품고 예루살렘으로 돌아왔던 것이다.

바로 이 시기는 극심한 시련과 고통과 핍절의 시간이었다. 그런데도 율법에의 순종을 이루어야 했던 신앙 회복의 시기였고 신앙 개혁의 시기였다. 이러한 시대를 배경으로 역대상이 학사 에스라에 의해 기록되었다. 그러므로 학사 에스라가 역대상을 기록했던 목적은 이스라엘 백성이 그들의 삶과 신앙을 하나님과의 언약에 대한 의무 이행, 즉 율법의 준수에 맞추려 함이었다. 그래서 학사 에스라는 이스라엘 백성에게 철저한 율법 준수를 요구했다. 그가 얼마나 철저한 율법 준수를 백성에게 요구했는가는 에스라서에 잘 나타나 있다.

"이 일 후에 방백들이 내게 나아와 이르되 이스라엘 백성과 제사장들과 레위 사람들이 이 땅 백성들에게서 떠나지 아니하고 가나안 사람들과 헷 사람들과 브리스 사람들과 여부스 사람들과 암몬 사람들과 모압 사람들과 애굽 사람들과 아모리 사람들의 가증한 일을 행하여 그들의 딸을 맞이하여 아내와 며느리로 삼아 거룩한 자손이 그 지방 사람들과 서로 섞이게 하는데 방백들과 고관들이 이 죄에 더욱 으뜸이 되었다 하는지라 내가 이 일을 듣고 속옷과 겉옷을 찢고 머리털과 수염을 뜯으며 기가 막혀 앉으니 이에 이스라엘의 하나님의 말씀으로 말미암아 떠는 자가 사로잡혔던 이 사람들의 죄 때문에 다 내게로 모여오더라 내가 저녁 제사 드릴 때까지 기가 막혀 앉았더니 저녁 제사를 드릴 때에 내가 근심 중에 일어나서 속옷과 겉옷을 찢은 채 무릎을 꿇고 나의 하나님 여호와를 향하여 손을 들고 말하기를 나의 하나님이여 내가 부끄럽고 낯이 뜨거워서 감히 나의 하나님을 향하여 얼굴을 들지 못하오니 이는 우리 죄악이 많아 정수리에 넘치고 우리 허물이 커서 하늘에 미침이니이다 우리 조상들의 때로부터 오늘까지 우리의 죄가 심하매 우리의 죄악으로 말미암아 우리와 우리 왕들과 우리 제사장들을 여러 나라 왕들의 손에 넘기사 칼에 죽으며 사로잡히며 노략을 당하며 얼굴을 부끄럽게 하심이 오늘날과 같으니이다 이제 우리 하나님 여호와께서 우리에게 잠시 동안 은혜를 베푸사 얼마를 남겨 두어 피하게 하신 우리를 그 거룩한 처소에 박힌 못과 같게 하시고 우리 하나님이 우리 눈을 밝히사 우리가 종노릇 하는 중에서 조금 소생하게 하셨나이다 우리가 비록 노예가 되었사오나 우리 하나님이 우리를 그 종 살이하는 중에 버려두지 아니하시고 바사 왕들 앞에서 우리가 불쌍히 여김을 입고 소생하여 우리 하나님의 성전을 세우게 하시며 그 무너 진 것을 수리하게 하시며 유다와 예루살렘에서 우리에게 울타리를 주 셨나이다 우리 하나님이여 이렇게 하신 후에도 우리가 주의 계명을 저 버렸사오니 이제 무슨 말씀을 하오리이까 전에 주께서 주의 종 선지자 들에게 명령하여 이르시되 너희가 가서 얻으려 하는 땅은 더러운 땅이 니 이는 이방 백성들이 더럽고 가증한 일을 행하여 이 끝에서 저 끝까 지 그 더러움으로 채웠음이라 그런즉 너희 여자들을 그들의 아들들에 게 주지 말고 그들의 딸들을 너희 아들들을 위하여 데려오지 말며 그 들을 위하여 평화와 행복을 영원히 구하지 말라 그리하면 너희가 왕성 하여 그 땅의 아름다운 것을 먹으며 그 땅을 자손에게 물려주어 영원 한 유산으로 물려주게 되리라 하셨나이다 우리의 악한 행실과 큰 죄로 말미암아 이 모든 일을 당하였사오나 우리 하나님이 우리 죄악보다 형 벌을 가볍게 하시고 이만큼 백성을 남겨 주셨사오니 우리가 어찌 다시 주의 계명을 거역하고 이 가증한 백성들과 통혼하오리이까 그리하면 주께서 어찌 우리를 멸하시고 남아 피할 자가 없도록 진노하시지 아니 하시리이까 이스라엘의 하나님 여호와여 주는 의로우시니 우리가 남 아 피한 것이 오늘날과 같사옵거늘 도리어 주께 범죄하였사오니 이로 말미암아 주 앞에 한 사람도 감히 서지 못하겠나이다 하니라 에스라가 하나님의 성전 앞에 엎드려 울며 기도하여 죄를 자복할 때에 많은 백성이 크게 통곡하매 이스라엘 중에서 백성의 남녀와 어린아이의 큰 무리가 그 앞에 모인지라 엘람 자손 중 여히엘의 아들 스가냐가 에스라에게 이르되 우리가 우리 하나님께 범죄하여 이 땅 이방 여자를 맞이하여 아내로 삼았으나 이스라엘에게 아직도 소망이 있나니 곧 내 주의 교훈을 따르며 우리 하나님의 명령을 떨며 준행하는 자의 가르침을 따라 이 모든 아내와 그들의 소생을 다 내보내기로 우리 하나님과 언약을 세우고 율법대로 행할 것이라 이는 당신이 주장할 일이니 일어나소서 우리가 도우리니 힘써 행하소서 하니라"(스 9:1~10:4)

바벨론에서 예루살렘으로 돌아왔던 2차 포로귀환민들은 비록 바벨론에서의 안정된 모든 생활 기반을 포기하고 오로지 신앙에의 헌신을 위해 고국 땅으로 돌아온 신실한 신앙의 세대였지만 그들에게는 버리지 못한 죄악이 있었다. 그 죄악은 바로 이방인의 딸들을 아내와 며느리로 삼은 죄악이었다(스 9:1~2). 이방의 여자를 아내와 며느리로 삼는 것은 하나님께서 이스라엘 백성에게 주셨던 율법에서 철저하게 금하셨던 죄악이다. 특히 백성의 모범이 되어야 하는 방백들과 두목들이 이방인의 딸들과 통혼하는 죄악에 더욱더 으뜸이었다.

하나님께서 이방의 딸들을 아내나 며느리로 삼지 말라고 명령하셨던 것은 이스라엘 백성의 신앙의 순수성을 보존하기 위함이었다. 마찬가지로 오늘날도 하나님께서 신앙인들에게 세상을 사랑하지 말라고 하신 것은 신앙의 순수성을 보존하기 위함이다(약 4:4). 그런데 신실했던 2차 포로귀환민들조차도 이방인의 딸들과 통혼의 죄악에 빠져 있었던 것이다. 이러한 사실 앞에 학사 에스라는 속옷과 겉옷을 찢고 머리털과 수염을 뜯으며 슬퍼했다(스 9:3~5). 그가 그토록 슬퍼했던 것은 교회가 부흥되지 않아서도 아니고, 교회 건축헌금 모자라서도 아니고, 백성이 하나님의 율법의 말씀대로 철저하게 신앙하지 않는 것, 오로지 이 한 가지 사실 때문에 그토록 슬퍼했고, 백성을 지도하는 선생으로서 낮이 부끄러워 감히 하나님을 향해 얼굴을 들지 못하겠다고 탄식했던 것이다(스 9:5).

오늘 교회세대의 목회자들도 신앙인들의 세속화를 바라보며 에스라와 같이 속옷과 겉옷을 찢고 머리털과 수염을 뜯을 정도로 슬퍼할 수 있어야 한다. 그리고 자기 백성의 세속화된 신앙의 삶이 부끄러워 감히 하나님을 향해 얼굴을 들지 못할 정도로 수치스러워해야 한다. 그러나 오늘 많은 목회자가 하나님의 말씀대로 신앙하지 못하는 백성의 죄악을 보고 슬퍼하고 탄식하는 것이 아니라, 교회에 사람을 많이 모으지 못해서, 교회 건물을 크게 짓지 못해서 슬퍼하고 탄식한다. 그러면서도 세속화된 백성을 모아 놓고 감히 하나님을 대하여 뻔뻔스럽게 "교회 부흥시켜 주시옵소서. 교회 부지 허락해 주시옵소서. 아름답고 거대한 성전 건축 공사 무사히 마치게 해 주시옵소서."라고 부르짖는다.

학사 에스라는 하나님의 은혜를 돌아보았다. 그가 돌아보았던 하나님의 은혜는 오늘날 욕심 많은 우리 신앙인의 입장에서 보면 너무나 소박한 것이다. 자신들이 하나님 앞에 지었던 죄과로는 마땅히 멸절되어야 하고 바벨론에서 영원히 종살이나 해야 함에도 하나님께서 보잘것없는 자신들의 씨를 조금 남겨 주셔서 고향 땅으로 돌아오게 하시고 비록 세상적으로는 넉넉하지 못한 삶의 터전이지만 그래도 살만한 집을 주시고 먹을 것과 입을 것을 주셨음을 감사한다(스 9:7~9). 이 얼마나 소박한 감사인가? 그러나 감사의 끝에서 학사 에스라는 하나님께 이와 같은 은혜를 입은 그들이 하나님의 말씀대로 철저하게 살아야 함에도 도리어 주께 범죄하여 지금 하나님의 율법을 배반했다고 탄식하고 있다(스 9:10).

구약 이스라엘 백성이나 신약 교회세대의 성도들이나 걸어가야 하는 신앙의 길은 이 세상의 것을 많이 소유하고 많이 누리기 위한 것이 아니라 적은 것으로도 크게 감사하면서 주님의 말씀대로 철저하게 살아야 하는 신앙의 길이다.

오늘 우리는 세상 사람과 많이 어울려도 돈만 많이 벌면 된다고 생각하고, 세상의 풍습과 유행에 조금 접한다고 할지라도 성공만 하면 된다고 생각한다. 심지어 교회의 직분자들조차 며느리를 선택하고 사위를 선택할 때 신앙에 우선순위를 두지 않고 돈과 배경에 우선순위를 두고, '사'자 달린 며느리 맞이하고, '사'자 달린 사위 맞이하면 축복받은 결혼인 양 자랑한다. 그러나 우리에게 요구하시는 하나님의 말씀은 돈 좀 못 벌어도, 성공 좀 못 해도, 적은 것으로 감사하며 말씀대로 철저하게 살아가는 신앙의 삶이다.

오늘 교회세대의 신앙인들은 그 옛날 2차 포로귀환민들만큼 신앙의 헌신을 위해 모든 것을 버려두고 삶의 터전을 떠났던 결단의 경험도 없으면서 그들보다 더 세속화되어 있다. 더욱 불행한 것은 신앙의 세속화에 대해 무감각해져서 전혀 뉘우치지 않는다는 사실이다.

"간음한 여인들아 세상과 벗 된 것이 하나님과 원수 됨을 알지 못하느냐 그런즉 누구든지 세상과 벗이 되고자 하는 자는 스스로 하나님과 원수 되는 것이니라"(약 4:4)

"하나님을 가까이하라 그리하면 너희를 가까이하시리라 죄인들아 손을 깨끗이 하라 두 마음을 품은 자들아 마음을 성결하게 하라 슬퍼하며 애통하며 울지어다 너희 웃음을 애통으로, 너희 즐거움을 근심으로 바꿀지어다"(약 4:8~9)

2차 포로귀환민들은 학사 에스라가 탄식하며 엎드려 울며 기도할 때(스 9:13~15) 그들도 심히 통곡하며 자신들의 죄를 고백하고, 하나님의 명령을 떨며 준행하기 위해 모든 이방인 아내와 그 소생을 다 내어 보내기로 하나님과 언약을 세우고, 율법대로 행하기로 맹세했다(스 10:1~5). 과연 오늘 우리는 하나님의 말씀대로 철저하게 살기 위해 그 명령을 따라서 이방인 아내와 결별했던 그들처럼 부모와 처자와 소유를 버리는 자기 부인의 십자가 길을 걸어갈 수 있겠는가? 그러나 2차 포로귀환민들은 엄청난 신앙의 결단을 단행했고 하나님의 율법의 말씀에 그들의 모든 삶을 헌신했다.

학사 에스라는 바로 이와 같은 결단의 신앙만이 하나님의 참된 복을 받을 신앙의 조건임을 분명히 하고 있고, 이것이 그의 신앙관이었다. 결국 역대기서는 핍절한 백성에게 소망을 주고 그들의 삶을 하나님의 율법이 제시하는 근본 방향과 목적을 향해 돌이키게 할 뿐만 아니라 그 율법의 의미에 따라 신실하게 살 것을 권면한다. 바로 이 사실이 역대기서를 읽는 모든 시대의 모든 하나님의 백성이 명심해야 할 내용이다.

2차 포로귀한민들은 율법이 제시하는 근본 방향과 목적을 지키려고 사랑했던 이방인 아내조차도 돌려보내는 신앙의 결단을 통해 자신들의 삶을 하나님의 말씀에 헌신했다. 이처럼 철저한 신앙관을 가진 에스라가 야베스의 기도문을 역대기서에 기록했다면, 야베스라는 신앙인이 하나님의 율법의 말씀에 대해 어떠한 신앙으로 헌신의 삶을 살았던 사람인가, 어떤 삶이 하나님의 율법의 말씀에 철저히 헌신하는 삶인가에 대해서 먼저 상고해야 한다.

지금 우리는 야베스의 기도문을 기록한 저자의 의도와 목적은 뒤로한 채 그저 문제 해결을 받기 위한 기도 응답법에 초점을 맞추고, 인생의 꿈을 기도로 응답받아 성공하는 인생의 목적에 야베스의 기도를 적용한다. 그래서 교회 나온 지 한 달이 채 안 되는 교인도, 더 잘 살고, 더 잘 되고, 더 잘 먹고, 더 잘 입고, 더 잘 마시고, 더 누리려는 인생의 꿈의 성취를 위해 잘못된 야베스의 기도를 배우고 있다. 자신들의 탐욕에 야베스의 기도를 잘못 적용하면서 그것이 믿음인 양, 그것이 신앙생활인 양 착각하고 있다.

지금까지 우리는 역대기서의 저자인 에스라가 하나님 앞에 얼마나 철저한 신앙의 삶을 백성에게 요구하고 있는가를 살펴보았고, 또한 2차 포로귀환민들도 하나님의 율법의 말씀에 얼마나 자신들의 삶을 헌신했는가를 살펴보았다. 하나님의 율법의 말씀에 너무나도 철저한 신앙관을 가진 에스라가 과연 야베스의 기도를 오늘 우리에게 그저 축복 응답이나 받고 소원하는 꿈이나 응답받게 하려는 목적으로 기록했겠는가? 절대 아니다. 그러므로 야베스의 철저한 신앙의 삶과는 상관없이 중언부언 기도하는 사람의 소원을 성취해 주는 기도응답법으로 야베스의 기도를 가르치고 배워서는 결코 안 된다.

철저한 율법적인 신앙의 삶을 요구했던 학사 에스라, 그래서 바벨론 땅에서의 안락한 모든 삶을 버리고 성전 중심의 삶, 신앙 중심의 삶을 살기 위한 오로지 한 가지 목적 때문에 예루살렘으로 이주해 온 2차 포로귀한민들에게 더 큰 신앙의 결단을 요구하며 이방인 아내들을 돌려보내기까지 철저히 율법에 부합한 신앙의 삶을 살 것을 백성에게 촉구했던 그가 야베스라는 사람을 역대기서에 신앙의 본으로 기록했을 때는 야베스가 에스라가 요구했던 철저한 율법관과 신앙관을 가진 사람이었음을 유추할 수 있다.

야베스는 하나님의 말씀대로 철저하게 살았고, 율법의 말씀에 자신의 모든 삶을 헌신했고, 삶의 모든 소망을 하나님께 두었던 신앙인임이 분명하다. 그러므로 축복받은 야베스의 기도에는 에스라가 그토록 강조했던 율법을 이루는 철저한 신앙의 삶이 전제되어 있다. 그러므로 야베스의 기도를 인생의 소원성취를 위한 기도법으로 배우지 말고, 학사 에스라가 저술했던 의도대로 철저한 율법적 삶에 초점을 맞추어서 먼저 하나님의 말씀대로 철저하게 신앙하는 삶을 배우고 실천해야 한다.

에스라 당대에 포로귀환민들은 핍절한 삶의 환경에 처해 있었다. 그것은 그들이 오로지 신앙의 헌신을 위해 포로 정착지의 안정된 모든 터전을 버려두고 전쟁의 폐해로 황무지가 된 고향 땅에서 새롭게 삶의 정착을 시도하는 과도기였기 때문이다. 사실 오늘날 교회에 만연한 축복관으로 보면 하나님께 오로지 헌신하기 위해 포로지에서의 안정된 생활 기반을 포기하고 고향 땅으로 돌아온 그들의 농사는, 목축은 더 잘되어야 하고, 집도 더욱 크고 넓어야 하는 것이 당연하다. 그러나 실제 그들이 마주한 삶은 이러한 우리의 기대와는 너무나 다른 것이었다. 그럼에도 그들은 그토록 하나님의 율법의 말씀에 신실한 삶을 살고자 했다. 오늘 우리의 입장에서는 불평과 불만의 자리가 될 만한 삶의 현장이었지만 학사 에스라의 기도의 내용을 보면 그들이 얼마나 자신들에게 주어진 삶의 환경을 감사하는지 엿볼 수 있다.

"우리 조상들의 때로부터 오늘까지 우리의 죄가 심하매 우리의 죄 악으로 말미암아 우리와 우리 왕들과 우리 제사장들을 여러 나라 왕들 의 손에 넘기사 칼에 죽으며 사로잡히며 노략을 당하며 얼굴을 부끄럽 게 하심이 오늘날과 같으니이다 이제 우리 하나님 여호와께서 우리에 게 잠시 동안 은혜를 베푸사 얼마를 남겨 두어 피하게 하신 우리를 그 거룩한 처소에 박힌 못과 같게 하시고 우리 하나님이 우리 눈을 밝히 사 우리가 종노릇 하는 중에서 조금 소생하게 하셨나이다 우리가 비록 노예가 되었사오나 우리 하나님이 우리를 그 종살이하는 중에 버려 두 지 아니하시고 바사 왕들 앞에서 우리가 불쌍히 여김을 입고 소생하여 우리 하나님의 성전을 세우게 하시며 그 무너진 것을 수리하게 하시 며 유다와 예루살렘에서 우리에게 울타리를 주셨나이다 우리 하나님 이여 이렇게 하신 후에도 우리가 주의 계명을 저버렸사오니 이제 무슨 말씀을 하오리이까"(스 9:7~10)

지금 학사 에스라는 현재 남아 있는 포로귀환민들의 수가 소 수에 불과하지만 자신의 민족이 하나님 앞에 범한 죄악에 비하 면 이조차도 하나님의 은혜라고 감사하고 있다. 비록 포로 되어 갔던 바벨론 땅에서 70년 만에 고향 땅 예루살렘으로 돌아왔지 만, 70년 만에라도 돌아오게 하시려고 바벨론 땅에서 멸절시키 지 않고 조금 소성하게 하셔서 귀환하게 해 주시고, 예루살렘으로 돌아온 그들에게 그래도 삶의 터전을 허락해 주셔서 울타리를 주신 하나님의 은혜, 바로 그 은혜가 그토록 감사하고 찬송해야 할 이유였다. 그러므로 그들이 그 은혜에 보답하기 위해 힘써 하나님의 계명을 지켜야 했음에도 하나님의 계명을 배반했다고 학사 에스라는 탄식했던 것이다. 따라서 오늘 우리도 먹을 것과 입을 것이 있은즉 족한 줄을 알아야 하고, 먹을 것과 입을 것이 있다면 감사해야 하고, 먹을 것과 입을 것이 있다면 주님의 말씀대로 살기 위해 힘써 신앙해야지, 인생의 꿈이나 디자인하며 주여 이루어 주시옵소서라고 중언부언 기도할 때가 아니다.

그 옛날 40년 동안 광야를 유랑했던 이스라엘 백성의 육적인 삶은 세상 사람들의 기준에서 보면 헐벗고 굶주린 일생이었다. 안락한 집 한 채를 소유한 것도 아니고, 자기 이름으로 땅 한 평 등기한 것도 아니고, 경작할 한 평의 논이 있었던 것도 아니고, 개인 소유의 가축우리 하나 가진 것도 아니었다. 하나님의 축복을 받지 못한 애굽 백성도, 에돔 족속도, 모압 족속도 평안히 잠잘 수 있는 자기 이름으로 된 집 한 채 가지고 있었고, 자기 이름으로 된 한 평의 땅이라도 가지고 있었고, 경작할 한 평의 밭이라도 가지고 있었고, 자기 소유의 가축우리를 가지고 있었건만, 하나님으로부터 선택받고 하나님으로부터 축복받았던 선민 이스라엘은 장막을 지고 이 땅 저 땅으로 유리하는 사람들에 불과했다. 그런데도 하나님께서는 광야 40년을 회고하시면서 그들의 모든 삶에 복을 주셨고, 그들의 모든 길을 인도하셨고, 부족함이 없었다고 말씀하고 있다.

"네 하나님 여호와께서 네가 하는 모든 일에 네게 복을 주시고 네가 이 큰 광야에 두루 다님을 알고 네 하나님 여호와께서 이 사십 년 동안을 너와 함께하셨으므로 네게 부족함이 없었느니라 하시기로"(신 2:7)

결국, 신앙인은 세상 사람의 기준에서 축복! 축복! 축복! 하며 축복을 꿈꿀 것이 아니라 먹을 것과 입을 것이 있는 것 바로 그 자체가 하나님의 도우심이고, 하나님의 함께하심이고, 하나님의 축복임을 알아야 한다. 그러므로 신앙인은 먹을 것과 입을 것이 있은즉 족한 줄을 알고(딤전 6:6~8) 나머지의 삶을 하나님의 말씀을 지키기 위해 헌신하며 살아야 한다.

비록 육적인 기준으로는 세상 사람들에 비해 넉넉하지도 못하고, 화려하지도 못하고, 안락하지 못하다 할지라도 이스라엘 백성은 자신들 가운데 하나님이 계시고, 따라서 자신들이 제사장 나라가 되고, 거룩한 백성이 되었다는 사실 한 가지만으로도 기뻐하고 감사하며 주의 말씀을 지켜야 했다. 우리도 역시 예수 그리스도 안에서 이미 하늘에 속한 모든 신령한 복을 받았으므로 남은 삶은 인생의 꿈을 이루려는 삶이 아니라 하나님의 선한 뜻을 이루는 삶을 살아야 한다. 먹을 것과 입을 것이 있은즉 자족하며 하나님의 언약 백성으로서 그분과의 언약대로 사는 것이 신앙의 유일한 목적이 되고 삶의 목적이 되어야 한다. 그래서 그분이 명하신 모든 말씀을 지켜 행하고 모든 소유를 버리기까지 그분을 따라야 한다.

"그러므로 너희는 가서 모든 민족을 제자로 삼아 아버지와 아들과 성령의 이름으로 세례를 베풀고 내가 너희에게 분부한 모든 것을 가르쳐 지키게 하라 볼지어다 내가 세상 끝날까지 너희와 항상 함께 있으리라 하시니라"(마 28:19~20)

"이와 같이 너희 중의 누구든지 자기의 모든 소유를 버리지 아니하면 능히 내 제자가 되지 못하리라"(눅 14:33)

이스라엘 백성은 광야를 행군하면서 하나님께서 주셨던 하늘의 양식인 만나로 만족하지 못하고 고기가 먹고 싶어 하나님께 원망과 불평을 했다. 그러나 그 작은 욕구 불만이 탐욕의 죄가 되어 하나님의 심판을 자초했다.

"그들 중에 섞여 사는 다른 인종들이 탐욕을 품으매 이스라엘 자손도 다시 울며 이르되 누가 우리에게 고기를 주어 먹게 하랴 우리가 애굽에 있을 때에는 값없이 생선과 오이와 참외와 부추와 파와 마늘들을 먹은 것이 생각나거늘 이제는 우리의 기력이 다하여 이 만나 외에는 보이는 것이 아무것도 없도다 하니"(민 11:4~6)

"고기가 아직 이 사이에 있어 씹히기 전에 여호와께서 백성에게 대하여 진노하사 심히 큰 재앙으로 치셨으므로"(민 11:33)

세상 사람들의 기준에서 본다면 애굽을 떠나온 지 오랜 시일이 지나도록 만나만 먹어 온 이스라엘 백성의 입에서 애굽에서 먹었던 생선과 오이와 참외와 부추와 파와 마늘들을 그리워하며 잠시 불평불만의 소리가 나올 수도 있는 것 아니겠는가? 만약 우리도 반찬 없이 주먹밥만 일 년 동안 먹어야 한다면, 예수 믿기 전에 세상 사람들과 함께 먹었던 한식과 양식과 중국 음식들이 생각나지 않겠는가? 그러나 먹을 것과 입을 것이 있으니 자족할 줄 알고 하나님의 백성 된 것으로 기뻐하고 만족해야 하는 신앙인에게는 이조차도 심판받을 수 있는 탐욕의 죄악이다.

철저한 율법적 삶을 강조했던 학사 에스라! 그가 그의 역대기서에 야베스라는 인물을 등장시킬 수 있었던 것은, 야베스가 어정쩡한 신앙인이 아니라 고통을 인내하고, 고통 가운데서도 감사하고, 고통 가운데서도 그 소망을 하나님께 두었고, 고통 가운데서 하나님의 말씀대로 살았던 사람이었음이 틀림없다.

'야베스'의 의미는 '하나님께서 고통을 주셨다.'이다. 에스라는 이 이름의 의미에서 포로기 이스라엘 백성의 핍절한 삶을 투영하고 있다. 그래서 야베스가 고통 가운데서 삶의 소망을 이스라엘의 하나님께 두었듯이 지금 고통 가운데 있는 이스라엘 또한 삶의 소망을 세상에 두지 말고 하나님께 둘 것을 권면하면서 삶의 소망을 하나님께 둔 사람은 하나님의 율법대로 사는 신앙의 삶을 살아야 함을 강조하려 했던 것이다.

그러나 오늘날 교회가 야베스의 기도를 세속적인 관점에서만 적용해서 마치 야베스의 기도가 가난한 인생을 부자 만들어 주고, 실패한 인생을 성공하게 해 주고, 분양권 당첨시켜서 큰 집으로 이사 가게 해 주고, 직장에서 승진시켜 주고, 사회에서 저명인사 되어 영향력을 발휘하게 해 주는 마술적 기도처럼, 무당의 주문처럼 바뀌었음은 통탄할 일이다.

야베스의 기도문을 역대기서에 기록한 에스라의 취지는 가난한 인생이 부자 되고 싶다면, 실패한 인생이 성공하고 싶다면, 분양권 당첨되어 큰 집으로 이사 가고 싶다면, 직장에서 승진하고 싶다면, 사회에서 영향력 있는 인생이 되고 싶다면 무당의 부적처럼 야베스 기도문을 집안에 붙여 놓고 야베스처럼 기도하면 소원 성취한다고 가르치기 위함이 아니었다.

에스라가 야베스의 기도를 기록했던 것은 이 세상의 먹을 문제가 해결되고, 마실 문제가 해결되는 세속적 기도법을 가르치기 위한 것이 아니다. 그러므로 우리는 야베스의 기도를 세상 사람이 구하는 먹을 문제, 마실 문제, 입을 문제에 적용할 것이 아니라, 하나님의 나라와 의를 구하는 기도에(마 6:31~33) 적용하고, 그 기도를 이루기 위한 철저한 율법적인 삶, 즉 하나님의 말씀을 지켜 행하는 삶에 그 초점을 맞추어야 한다.

6. 복에 복을 더하사

일반적으로 신앙인들이 "하나님, 나를 축복하여 주시옵소서."라고 기도할 때 염두에 두는 축복은 자녀가 좋은 대학에 들어가고, 남편이 승진하고, 남편의 사업이 번창하고, 좁은 집에서 넓은 집으로 이사 가고, 걱정 근심이 없이 평안히 사는 것이다. 그러나 야베스가 구한 "복에 복"이란 부동산 백 평 더하기 백 평, 삼십 평 아파트 당첨 더하기 오십 평 아파트 당첨, 대리에서 과장, 과장에서 부장, 부장에서 이사, 이사에서 사장으로 진급하는 것과 같은 세상의 축복을 의미하는 것이 아니라 신령한 참된 축복을 의미한다.

사도 바울이 만약 "주여, 나를 축복하여 주시옵소서."라고 기도했다면 그가 염두에 둔 축복은 세상의 축복이 아니라 더욱 많은 영혼을 추수하는 것, 더욱 많은 지역에 복음을 전하는 것, 성령의 충만을 받는 것, 성령의 능력을 덧입는 것, 부르심의 소망을 더욱더 발견하는 것, 예수 그리스도를 더욱더 알아가는 것, 예수 그리스도의 성품을 더욱더 닮아 가는 것, 예수 그리스도께서 걸어가신 십자가 길을 더욱더 힘써 따라가는 것, 환난과 곤고와 핍박과 기근과 적신과 위험과 칼의 위협 속에서도 믿음을 지켜서 그리스도의 사랑에서 끊어지지 않는 것과(롬 8:35~36) 같은 신령한 축복이었을 것이다. 그리고 그가 소망했던 최후의 소망은 어찌하든지 죽은 자 가운데서 부활하여 예수 그리스도의 영광에 이르는 것이었다(빌 3:11).

축복이라는 똑같은 언어로 기도하는 경우에도 세속적인 신앙인과 신령한 신앙인의 기도 제목은 하늘과 땅 차이다. 자녀가 좋은 대학 다니는 것이 축복이라고 생각하고, 남편이 승진하고 남편의 사업이 번창하는 것이 축복이라고 생각하고, 좁은 집에서 넓은 집으로 이사 가는 것이 축복이라고 생각하는 신앙인들은 야베스가 기도했던 "복에 복"을 자신들의 신앙 수준과 신앙 가치관과 신앙 목적에 따라 세속적인 복으로 생각한다. 그래서 좋은 대학 입학, 좋은 직장 입사, 물질 축복을 받는 것, 세상에서 형통하는 것, 넓은 집으로 이사 가는 것이 기도 제목이 되겠지만, 야베스의 기도를 기록한 학사 에스라는 그러한 신앙적 가치관과 목적을 두고 야베스의 기도를 기록했던 것이 결단코 아니다.

율법의 철저한 삶으로 돌아가기를 주장하며 신앙의 개혁을 단행했던 학사 에스라나 학사 에스라에 의해서 위대한 기도의 사람으로 선택되었던 야베스는 절대로 그런 세속적인 복을 더 받기 위해서 "복에 복"을 더하여 달라고 기도하지 않았다.

신실한 이스라엘 백성이 소망했던 "복에 복"이란 자신들의 믿음의 조상인 아브라함이 받았던 축복이다. 그것은 그들의 믿음의 조상인 아브라함이 하나님에 의해 복의 근원으로 선택받았기 때문이다. 하나님께서는 이스라엘 민족의 믿음의 조상인 아브라함을 복의 근원으로 불러내시면서 다음과 같이 두 가지 축복을 약속하셨다.

"여호와께서 아브람에게 이르시되 너는 너의 고향과 친척과 아버지의 집을 떠나 내가 네게 보여 줄 땅으로 가라 내가 너로 큰 민족을 이루고 네게 복을 주어 네 이름을 창대하게 하리니 너는 복이 될지라"(창 12:1~2)

"롯이 아브람을 떠난 후에 여호와께서 아브람에게 이르시되 너는 눈을 들어 너 있는 곳에서 북쪽과 남쪽 그리고 동쪽과 서쪽을 바라보라 보이는 땅을 내가 너와 네 자손에게 주리니 영원히 이르리라 내가 네 자손이 땅의 티끌 같게 하리니 사람이 땅의 티끌을 능히 셀 수 있을진대 네 자손도 세리라 너는 일어나 그 땅을 종과 횡으로 두루 다녀 보라 내가 그것을 네게 주리라"(창 13:14~17)

결국, 복의 근원인 아브라함에게 약속된 하나님의 축복은 이 세상의 물질과 성공에 관련된 것이 아니라 '씨와 기업의 땅', 즉 '후손과 나라', 즉 '백성과 가나안 지경'에 대한 약속이다. 그래서 구약 이스라엘 백성이 받았던 축복의 본질은 하나님의 백성이 되는 것이고, 가나안의 축복, 즉 천국의 축복을 받는 것이다. 그러므로 아브라함의 영적 후손인 신약의 교회세대 교인들이 받은 축복은 물질과 성공의 축복이 아니라, 한때 버려진 이방의 돌감람나무 가지에 불과했던 우리가 예수 그리스도를 믿음으로 이스라엘의 축복의 근원에 접붙임이 되어(롬 11:17) 하나님의 백성이 되고 하나님 나라, 즉 천국을 유업으로 받게 된 것이다(약 2:5).

오늘 우리는 야베스가 꿈꾸었던 "복에 복"인 하늘에 속한 모든 신령한 복을 예수 그리스도 안에서 하나님 나라의 택한 백성인 천국 기업의 백성, 곧 하나님의 아들들이 됨으로써 받게 되었다.

"찬송하리로다 하나님 곧 우리 주 예수 그리스도의 아버지께서 그리스도 안에서 하늘에 속한 모든 신령한 복을 우리에게 주시되 곧 창세전에 그리스도 안에서 우리를 택하사 우리로 사랑 안에서 그 앞에 거룩하고 흠이 없게 하시려고 그 기쁘신 뜻대로 우리를 예정하사 예수 그리스도로 말미암아 자기의 아들들이 되게 하셨으니 이는 그가 사랑하시는 자 안에서 우리에게 거저 주시는바 그의 은혜의 영광을 찬송하게 하려는 것이라 우리는 그리스도 안에서 그의 은혜의 풍성함을 따라 그의 피로 말미암아 속량 곧 죄 사함을 받았느니라"(엡 1:3~7)

우리가 예수 그리스도 안에서 하나님의 크신 사랑으로 선택받아 축복을 받은 것은 예수 그리스도께서 우리 죄를 대신해 십자가에서 피 흘리신 사랑으로 말미암아 구속, 곧 죄 사함을 받고 하나님의 아들들이 된 것이다. 하나님의 아들들이 된 것은 인생의 꿈을 이루기 위함도 아니고, 세상에서 영향력 있는 인생으로 살기 위한 것도 아니다. 오로지 거룩하고 흠이 없는 삶을 살아 하나님의 은혜의 영광을 찬미하게 하려 하심이다.

이제 예수 그리스도 안에서 하늘에 속한 모든 신령한 복을 받은 우리의 기도 제목은 이 땅에서의 부와 성공과 형통과 영향력이 아니라 죄로 가득한 이 세상 가운데서 거룩하고 흠이 없게 살기 위한 성결의 능력이다. 그러므로 이미 예수 그리스도 안에서 하늘에 속한 모든 복을 받은 우리가 이 땅의 보이는 것으로 소원을 두고 기도하는 것은 마치 개가 그 토했던 것에 돌아가고 돼지가 씻었다가 더러운 구덩이에 도로 눕는 것처럼 예수 그리스도 안에서 하늘에 속한 모든 신령한 복을 받은 자신의 축복된 삶의 지위를 포기하는 것이다(벧후 2:20~22).

예수 그리스도는 하나님의 나라이시고, 하나님의 나라는 천국이다. 우리는 예수 그리스도로 말미암아 천국 백성이 되었기 때문에 우리에게는 하나님의 나라이신 예수 그리스도 그분의 형상을 따라 거룩하고 흠이 없는 백성이 되어야 하는 분명한 책임과 의무가 선택된 사랑의 축복과 더불어서 함께 주어졌다.

"그런즉 우리가 무슨 말을 하리요 은혜를 더하게 하려고 죄에 거하겠느냐 그럴 수 없느니라 죄에 대하여 죽은 우리가 어찌 그 가운데 더 살리요 무릇 그리스도 예수와 합하여 세례를 받은 우리는 그의 죽으심과 합하여 세례를 받은 줄을 알지 못하느냐 그러므로 우리가 그의 죽으심과 합하여 세례를 받음으로 그와 함께 장사되었나니 이는 아버지의 영광으로 말미암아 그리스도를 죽은 자 가운데서 살리심과 같이 우리로 또한 새 생명 가운데서 행하게 하려 함이라"(롬 6:1~4)

"그러므로 너희는 죄가 너희 죽을 몸을 지배하지 못하게 하여 몸의 사욕에 순종하지 말고 또한 너희 지체를 불의의 무기로 죄에게 내주지 말고 오직 너희 자신을 죽은 자 가운데서 다시 살아난 자같이 하나님께 드리며 너희 지체를 의의 무기로 하나님께 드리라 죄가 너희를 주장하지 못하리니 이는 너희가 법 아래에 있지 아니하고 은혜 아래에 있음이라 그런즉 어찌하리요 우리가 법 아래에 있지 아니하고 은혜 아래에 있으니 죄를 지으리요 그럴 수 없느니라"(롬 6:12~15)

"그런즉 사랑하는 자들아 이 약속을 가진 우리는 하나님을 두려워하는 가운데서 거룩함을 온전히 이루어 육과 영의 온갖 더러운 것에서 자신을 깨끗하게 하자"(고후 7:1)

"너희는 믿음 안에 있는가 너희 자신을 시험하고 너희 자신을 확증하라 예수 그리스도께서 너희 안에 계신 줄을 너희가 스스로 알지 못하느냐 그렇지 않으면 너희는 버림받은 자니라 우리가 버림받은 자 되지 아니한 것을 너희가 알기를 내가 바라고 우리가 하나님께서 너희로 악을 조금도 행하지 않게 하시기를 구하노니 이는 우리가 옳은 자임을 나타내고자 함이 아니라 오직 우리는 버림받은 자 같을지라도 너희는 선을 행하게 하고자 함이라"(고후 13:5~7)

"음행과 온갖 더러운 것과 탐욕은 너희 중에서 그 이름조차도 부르지 말라 이는 성도에게 마땅한 바니라"(엡 5:3)

"끝으로 형제들아 무엇에든지 참되며 무엇에든지 경건하며 무엇에든지 옳으며 무엇에든지 정결하며 무엇에든지 사랑받을 만하며 무엇에든지 칭찬받을 만하며 무슨 덕이 있든지 무슨 기림이 있든지 이것들을 생각하라 너희는 내게 배우고 받고 듣고 본 바를 행하라 그리하면 평강의 하나님이 너희와 함께 계시리라"(빌 4:8~9)

"그러므로 너희가 그리스도와 함께 다시 살리심을 받았으면 위의 것을 찾으라 거기는 그리스도께서 하나님 우편에 앉아 계시느니라 위의 것을 생각하고 땅의 것을 생각하지 말라"(골 3:1~2)

"모든 사람에게 구원을 주시는 하나님의 은혜가 나타나 우리를 양육하시되 경건하지 않은 것과 이 세상 정욕을 다 버리고 신중함과 의로움과 경건함으로 이 세상에 살고 복스러운 소망과 우리의 크신 하나님 구주 예수 그리스도의 영광이 나타나심을 기다리게 하셨으니 그가 우리를 대신하여 자신을 주심은 모든 불법에서 우리를 속량하시고 우리를 깨끗하게 하사 선한 일을 열심히 하는 자기 백성이 되게 하려 하심이라"(딛 2:11~14)

"그러므로 너희 마음의 허리를 동이고 근신하여 예수 그리스도께서 나타나실 때에 너희에게 가져다주실 은혜를 온전히 바랄지어다 너희가 순종하는 자식처럼 전에 알지 못할 때에 따르던 너희 사욕을 본받지 말고 오직 너희를 부르신 거룩한 이처럼 너희도 모든 행실에 거록한 자가 되라 기록되었으되 내가 거룩하니 너희도 거룩할지어다 하셨느니라 외모로 보시지 않고 각 사람의 행위대로 심판하시는 이를 너희가 아버지라 부른즉 너희가 나그네로 있을 때를 두려움으로 지내라"(벧전 1:13~17)

"사랑하는 자들아 거류민과 나그네 같은 너희를 권하노니 영혼을 거슬러 싸우는 육체의 정욕을 제어하라"(벧전 2:11)

"그러므로 사랑하는 자들아 너희가 이것을 바라보나니 주 앞에서 점도 없고 흠도 없이 평강 가운데서 나타나기를 힘쓰라"(벧후 3:14)

우리의 기도는 거룩하고 흠 없는 삶을 살기 위한 성령의 능력을 구하는 것이어야 한다. 성령의 능력을 통해 우리는 거룩하고 흠 없으신 그리스도의 형상을 이루어 가게 된다. 그럴 때 우리는 아브라함이 받았던 축복의 약속인 씨의 축복 속에 계속 있을 수 있고, 가나안 기업의 축복인 하나님의 나라 안에 계속 머무를 수 있다. 곧, 선택된 사랑의 축복 안에 계속 머무를 수 있다.

지금 우리에게 필요한 것은 물질, 성공, 영향력, 꿈의 성취가 아니라 거룩하고 흠이 없는 삶이다. 그러므로 우리 신앙 싸움의 필생의 목적은 과거의 구습을 따르는 옛 사람을 벗어 버리고 의와 진리와 거룩함으로 지으심을 받은 새 사람을 입는 것이다(엡 4:22~24). 즉 유혹 많은 죄악 된 세상 가운데서 거룩함을 이루어 가는 것이다.

우리의 유일한 기도 제목은 이 땅의 부와 영향력이 아니라 예수 그리스도의 형상 회복이다. 그러므로 사도 바울의 목회 사역의 목적은 하나님의 백성에게 꿈을 심어 주기 위함도, 창조적 리더십을 가지게 해 주기 위함도, 긍정적 사고와 긍정적 마인드를 갖게 해 주기 위함도, 인생 문제 해결 받고 기도 응답받게 해 주기 위함도 아니다. 오로지 우리 안에서 거룩하고 흠 없는 주 예수 그리스도의 형상을 이루게 하기 위함이다.

"나의 자녀들아 너희 속에 그리스도의 형상을 이루기까지 다시 너희를 위하여 해산하는 수고를 하노니"(갈 4:19)

시편 기자는 아침부터 하나님께 복 달라고 생떼 쓰지 않았고 주의 형상으로 만족하기를 열망했다.

"여호와여 이 세상에 살아 있는 동안 그들의 분깃을 받은 사람들에게서 주의 손으로 나를 구하소서 그들은 주의 재물로 배를 채우고 자녀로 만족하고 그들의 남은 산업을 그들의 어린아이들에게 물려 주는 자니이다 나는 의로운 중에 주의 얼굴을 뵈오리니 깰 때에 주의 형상으로 만족하리이다"(시 17:14~15)

예수 그리스도의 거룩하고 흠이 없는 형상을 이루는 성도의 삶, 바로 이 삶이 창세전에 그리스도 안에서 택함을 받아 하나님의 나라, 곧 천국이신 그리스도 안에서 하늘에 속한 모든 신령한 복을 받은 삶이다(엡 1:3~5). 그러므로 성도가 구하고 기도해야 하는 "복에 복"은 꿈의 성취, 문제 해결, 형통 응답이 아니라, 성령 안에서의 거룩하고 흠이 없는 능력의 삶이다.

야베스가 구원의 하나님께 구했던 "복의 복"은 이 땅의 부와 성공이 아니라 복의 근원이었던 믿음의 조상 아브라함이 하나님으로부터 약속받았던 '씨'와 '가나안'의 축복, 즉 아브라함의 후손이 되어 하나님의 아들이 되는 '씨'의 축복과 약속된 가나안에서 영원히 거하는 '천국 기업'의 신령한 복이다. 그래서 야베스는 영원히 하나님의 백성으로서, 영원히 하나님의 아들로서 영원히 하나님의 기업인 가나안에 거하기를 소망했던 것이다. 바로 이 소망의 복이 그 옛날 시편 기자가 불렀던 희망 찬가이다.

시편 기자는 이 땅에서의 복을 소원했던 것이 아니라 하늘에서 영원한 하나님의 기업의 자녀로 일컬음 받기를 갈망했다.

"만군의 여호와여 주의 장막이 어찌 그리 사랑스러운지요 내 영혼이 여호와의 궁정을 사모하여 쇠약함이여 내 마음과 육체가 살아 계시는 하나님께 부르짖나이다 나의 왕, 나의 하나님, 만군의 여호와여 주의 제단에서 참새도 제집을 얻고 제비도 새끼 둘 보금자리를 얻었나이다 주의 집에 사는 자들은 복이 있나니 그들이 항상 주를 찬송하리이다 (셀라) 주께 힘을 얻고 그 마음에 시온의 대로가 있는 자는 복이 있나이다 그들이 눈물 골짜기로 지나갈 때에 그곳에 많은 샘이 있을 것이며 이른 비가 복을 채워 주나이다 그들은 힘을 얻고 더 얻어 나아가 시온에서 하나님 앞에 각기 나타나리이다 만군의 하나님 여호와여 내 기도를 들으소서 야곱의 하나님이여 귀를 기울이소서 (셀라) 우리 방패이신 하나님이여 주께서 기름 부으신 자의 얼굴을 살펴보옵소서 주의 궁정에서의 한 날이 다른 곳에서의 천 날보다 나은즉 악인의 장막에 사는 것보다 내 하나님의 성전 문지기로 있는 것이 좋사오니 여호와 하나님은 해요 방패이시라 여호와께서 은혜와 영화를 주시며 정직하게 행하는 자에게 좋은 것을 아끼지 아니하실 것임이니이다 만군의 여호와여 주께 의지하는 자는 복이 있나이다"(시 84:1~12)

시편 기자에게 있어서 "복의 복"은 세상에서의 천 날을 부귀와 영화로 사는 것보다 주의 궁정인 하나님의 집에서 문지기로 단 하루를 사는 것이다. 이처럼 그가 구했던 "복의 복"은 주의 궁정이었기에 그의 영혼이 쇠약할 정도로 하나님의 집을 사모했다. 그래서 그의 마음과 육체는 생존하시는 하나님께 문지기라도 좋으니 주의 궁정에서 단 하루라도 거하게 해 줄 것을 부르짖어 기도했던 것이다.

하나님의 집에 거하는 조건은 거룩한 삶이지 아파트 분양 당첨권이 아니다. 오히려 필요 이상의 아파트 분양 당첨권은 하나님의 나라와 복음을 위해, 가난한 형제 교인과 형제 교회와 형제 선교사를 위해 나누어야 할 하나님의 위탁물이다.

그 옛날 믿음의 조상인 아브라함에게 주셨던 '씨와 가나안'의 축복은 오늘날 우리가 예수 그리스도로 안에서 아브라함의 믿음의 후손이 되고, 아브라함 영적 자손, 곧 성도가 되는 것으로 성취되었다. 그러므로 우리가 비록 세상 가운데서 가난하고 영향력이 없는 실패한 인생을 살아간다고 할지라도 믿음으로 말미암아 하늘에 속한 신령한 모든 복을 받고 부요한 자이며, 약속하신 나라를 유업으로 받은 축복받은 사람들이다.

"내 사랑하는 형제들아 들을지어다 하나님이 세상에서 가난한 자를 택하사 믿음에 부요하게 하시고 또 자기를 사랑하는 자들에게 약속

하신 나라를 상속으로 받게 하지 아니하셨느냐"(약 2:5)

이제 그 옛날 야베스가 구원의 하나님께 "복에 복을 더하사" 라고 구했던 기도는 "구원의 후사에서 떨어지지 않게 하시고, 천국 기업에서 떨어지지 않게 하옵소서."라는 간절한 기도로 승화되어야 한다. 바로 이것이 두렵고 떨림으로 구원을 이루어 가는 과정이다(빌 2:12).

우리는 날마다 시간마다 먹을 것과 마실 것과 입을 것을 구 하는 세속적인 기도의 길에서 빠져나와 "나로 새 생명 가운데 서 행하게 하시옵소서."라고 기도해야 하며, "몸의 사욕에 순종 하지 말고 하나님께 나의 몸을 의의 병기로 드리게 해 주시옵소 서."라고 기도해야 하며, "예수 그리스도의 은혜를 힘입어 죄짓 지 않는 사람이 되게 해 주시옵소서."라고 기도해야 하며, "나 로 하나님의 거룩한 성령의 전이 되게 해 주시옵소서."라고 기 도해야 하며, "먹든지 마시든지 무엇을 하든지 하나님의 영광 을 위해 살게 해 주시옵소서."라고 기도해야 하며, "육과 영의 온갖 더러운 것에서 나 자신을 깨끗게 하여 거룩함을 온전히 이 루게 해 주시옵소서."라고 기도해야 하며, "선을 행하여, 하나 님께 버림받는 자가 되지 않게 해 주시옵소서."라고 기도해야 하며, "약속하신 성령으로 충만하게 하셔서 헛된 영광을 구하는 정과 욕심을 십자가에 못 박고 성령으로 살고 성령으로 행하게 해 주시옵소서."라고 기도해야 하며, "심령으로 새롭게 되어 의를 행하고 진리를 추구하고 거룩함을 이루어 가는 새사람이 되게 해 주시옵소서."라고 기도해야 하며 "온갖 더러운 것과 탐욕은 그 이름도 부르지 않게 해 주시옵소서."라고 기도해야 하며, "무슨 일에든지 경건하기를 힘쓰고, 바르기를 힘쓰고, 정결하기를 힘쓰고, 사랑하기를 힘쓰고, 또한 하나님의 말씀을 배우고 받고 듣고 본 바를 행하는 사람이 되게 해 주시옵소서."라고 기도해야 하며, "땅의 것을 생각하지 않고 위의 것을 생각하는 신령한 소망의 사람이 되게 해 주시옵소서."라고 기도해야 하며, "하나님 나라의 영광에 이르기 위해 합당한 삶을 사는 사람이 되게 해 주시옵소서."라고 기도해야 하며. "정함이 없는 재물에 소망을 두지 말고 하나님께서 후히 주셔서 누리게 하시는 하늘의 신령한 은사를 맛보게 해 주시옵소서."라고 기도해야 하며, "선한 일을 행하고 선한 사업에 부하고 나누어 주기를 좋아하고 동정하는 자게 되게 해 주시옵소서."라고 기도해야 하며, "이 세상 정욕을 다 버리고 근신하고 의롭고 경건하게 살면서 예수 그리스도의 다시 오심을 기다리는 소망의 사람이 되게 해 주시옵소서."라고 기도해야 하며, "마음의 허리를 동이고 근신하며, 인생의 욕심과 인생의 자랑을 생각하지 말고 오로지 거룩하기 위해 힘쓰며 헛된 이 세상에 소망을 두지 않고 더 나은 본향 천국을 향해 날마다 날마다 두려움으로 구원을 이루어 가는 나그네가 되게 해 주시옵소서."라고 기도해야 하며, "육체의 정욕을 꿈꾸지 말고 영혼의 구원을 위해서 힘쓰는 자 되게 해 주시옵소서."라고 기도해야 하며, "무너져 갈 이 세상의 물질과 성공의 집을 꿈꾸지 말고 의의 거하는바 새 하늘과 새 땅을 바라보며 오로지 예수 그리스도 앞에 점도 없고 흠도 없이 평강 가운데서 나타나는 자 되게 해 주시옵소서."라고 기도해야 하며, "세상과 세상에 있는 것들을 사랑하는 이 땅의 정욕과 탐심을 물리치고 하나님의 뜻을 행하기 위해 고민하고 염려하고 힘쓰는 자 되게 해 주시옵소서."라고 기도해야 하며, "예수 그리스도의 사랑의 새 계명을 말로 아니라 행동으로 실천하는 진실한 신앙인 되게 해 주시옵소서."라고 기도해야 한다. 바로 이러한 기도가 구약의 야베스가 하나님께 구했던 "복의 복을" 신약적 의미로 재해석해서 바르게 적용하는 기도이다.

7. 더 많은 영향력? 더 많은 기회?

야베스 당시에 이스라엘의 국가적인 상황은 여호수아가 가나안 땅을 정복하고 각 지파에게 그 약속의 땅을 분배해 주었던 때로 추정하고 있다. 그래서 혹자는 야베스가 당시의 상황 속에서 "나는 이보다 더 많은 것을 위해 태어났음이 분명하다." 라고 생각하고, 가족이 남겨 준 땅을 바라보며 그 경계를 눈으로 확인하고, 경계를 표시하는 말뚝을 찾아 그 잠재력을 평가해 본 후, "하나님 저의 관리 아래에 주신 모든 것을 취하시고 넓혀 주십시오."라고 기도했을 것이라고 말한다. 그러나 야베스가 당시의 상황 속에서 "나는 이보다 더 많은 것을 위해 태어났음이 분명하다."라며 자기에게 더 많은 기회가 주어졌음을 믿고 의지를 불태우면서 조상이 남겨 준 땅을 바라보며 그 경계를 눈으로 확인하고, 경계를 표시하는 말뚝을 찾아보며, 그 잠재력과 영향력을 평가해 본 후, "하나님 저의 관리 아래에 주신 모든 것을 취하시고 넓혀 주십시오."라고 기도했다고 추측하는 것은 부자 되고 싶고 성공하고 싶은 탐욕의 마음을 따라 욕심의 눈으로 야베스의 기도문을 읽고 인생 소원성취에 적용하기 때문이다.

"지경을 넓히시고"라고 했던 야베스의 기도의 의미를 개인의 아파트 평수를 넓히는 것으로 적용해서도 안 되고, 장사 잘되어 매장이 한 개씩 늘어나는 것으로 적용해서도 안 되고, 내 사업의 영역이 확장되는 것으로 적용해서도 안 된다. 그것은 구원받은 우리는 탐욕의 이름도 부르지 말아야 하기 때문이다(엡 5:3).

육체의 소욕에 속한 탐욕을 우리 마음속에서 물리치지 않고 하나님의 영광을 위한다는 명목으로 이 세상에서 더 많은 영향력을 구하는 것은, 한 달란트 받은 종이 주어진 한 달란트로 이윤을 남겨야 할 시간에 오히려 두 달란트 주시기를 꿈꾸며 기도하고, 다섯 달란트 받으면 이웃에게 나누어 주고 주를 위해 쓰겠다고 협상하듯이 기도하면서 지금 자기가 가진 한 달란트로 주를 위해 이윤을 남겨야 하는 귀한 헌신의 시간을 허비하는 것이다.

주님이 가장 기뻐하시는 헌금은 1천만 원 버는 영향력 있는 인생의 1백만 원의 십일조가 아니라 핍절한 중에서 자기의 있는바 생활비 전부를 헌신했던 과부의 두 렙돈(눅 21:3~4) 즉, 없는 자의 한 끼 식사에 불과했던 헌금이다. 이 세상을 감동시킬 수 있는 가장 큰 영향력은 1백만 원 십일조하고 9백만 원으로 자기 배를 살찌우는 1천만 원 부자의 영향력이 아니라 과부의 두 렙돈의 헌신이다.

오늘 어쩌면 우리는 과부의 두 렙돈으로도 얼마든지 이 세상을 감동시키고, 이 세상에서 영향력을 발휘하고, 주님의 영광을 나타낼 수 있는 시간을 오히려 두 달란트와 다섯 달란트를 구하는 헛된 기도 속에서 낭비하고 있다. 지금 우리가 기도해야 하는 것은 두 달란트의 영향력, 다섯 달란트의 영향력이 아니라 한 달란트의 헌신이며 과부의 두 렙돈임을 명심해야 한다. 과부의 두 렙돈은 나의 가진 모든 것으로 예수 그리스도의 사랑을 실천한 참된 사랑의 지표이다.

분배받은 땅을 어느 누구에게라도 매매해서는 안 되는 하나님의 법을(레 25:23) 가진 이스라엘 나라에서 신실한 신앙인인 야베스가 기도해서 더 넓은 지경을 가질 수 있는 유일한 길은 가나안 땅에서 완전히 추방해야 했던 남아 있는 가나안 잔존 세력을 목숨 걸고 싸워서 몰아내고 그들의 땅을 차지할 때에만 가능한 것이지 농사 잘돼서 모은 돈으로 이웃 지파의 땅을 사들임으로 지경을 넓힐 수 있는 것이 아니다. 그러므로 야베스 당시에 가나안 일경의 한 평의 땅이라도 더 소유하기 위해서는 돈으로 그 땅을 사는 것이 아니라 오로지 그 땅에 살고 있는 죄악의 세력인 가나안 일족과 피 흘리는 전쟁을 통해 그들을 몰아내고 진멸시켜야만 했다.

이스라엘 백성 모두가 자기 집에 안주하고 자기 소유에 안주하여, 가나안 일곱 족속을 쫓아내며 멸하라고 하나님께서 명하신(신 9:3) 성전(聖戰)의 책임을 망각하고 살아갈 때, 야베스는 자기의 삶과 소유의 울타리에 안주하지 않고 지경을 넓혀 주시기를 기도함으로써 하나님의 성전(聖戰)에 자기의 생명을 걸고자 했을 것이다. 그래서 죄악의 세력을 상징하는 가나안 일족의 땅을 한 평이라도 더 쟁취함으로써 하나님의 기업의 땅을 확장하려 했던 것이다.

이와 같은 성전(聖戰) 의식을 광야 1세대 2백만 명 가운데 유일하게 생존해서 가나안 땅을 차지했던 갈렙의 위대한 신앙에서 찾아볼 수 있다.

"이스라엘 자손이 여호와께서 모세에게 명령하신 것과 같이 행하여 그 땅을 나누었더라 그때에 유다 자손이 길갈에 있는 여호수아에게 나아오고 그니스 사람 여분네의 아들 갈렙이 여호수아에게 말하되 여호와께서 가데스 바네아에서 나와 당신에게 대하여 하나님의 사람 모세에게 이르신 일을 당신이 아시는 바라 내 나이 사십 세에 여호와의 종 모세가 가데스 바네아에서 나를 보내어 이 땅을 정탐하게 하였으므로 내가 성실한 마음으로 그에게 보고하였고 나와 함께 올라갔던 내 형제들은 백성의 간담을 녹게 하였으나 나는 내 하나님 여호와께 충성하였으므로 그날에 모세가 맹세하여 이르되 네가 내 하나님 여호와께 충성하였은즉 네 발로 밟는 땅은 영원히 너와 네 자손의 기업이 되리라 하였나이다 이제 보소서 여호와께서 이 말씀을 모세에게 이르신 때로부터 이스라엘이 광야에서 방황한 이 사십오 년 동안을 여호와께서 말씀하신 대로 나를 생존하게 하셨나이다 오늘 내가 팔십오 세로되 모세가 나를 보내던 날과 같이 오늘도 내가 여전히 강건하니 내 힘이 그때나 지금이나 같아서 싸움에나 출입에 감당할 수 있으니 그날에 여호와께서 말씀하신 이 산지를 지금 내게 주소서 당신도 그날에 들으셨거니와 그곳에는 아낙 사람이 있고 그 성읍들은 크고 견고할지라도 여호와께서 나와 함께 하시면 내가 여호와께서 말씀하신 대로 그들을 쫓아내리이다 하니 여호수아가 여분네의 아들 갈렙을 위하여 축복하고 헤브론을 그에게 주어 기업을 삼게 하매 헤브론이 그니스 사람 여분네의 아들 갈렙의 기업이 되어 오늘까지 이르렀으니 이는 그가 이스라엘의 하나님 여호와를 온전히 좇았음이라 헤브론의 옛 이름은 기럇 아르바라 아르바는 아낙 사람 가운데에서 가장 큰 사람이었더라 그리고 그 땅에 전쟁이 그쳤더라"(수 14:5~15)

이처럼 갈렙은 85세의 노구였음에도 편안하고 안전한 평지를 분배받아 안주하려 하지 않고 오히려 이스라엘 백성 모두가 차지하기 싫어하는 산지, 그것도 기골이 장대한 아낙 자손이 사는 산지를 자기의 힘을 다해 싸워 쟁취함으로 하나님의 기업을 확장하려 했다. 바로 이와 같은 갈렙의 식지 않는 용감한 신앙의 혼이 야베스의 신앙에도 투영되어 있다. 그러므로 야베스 역시 하나님의 약속의 땅 가나안에서 죄악의 세력인 가나안 일족을 목숨 바쳐 싸워 몰아내고 하나님의 기업의 땅을 한 평이라도 확장하려 했던 성전의식이 투철한 사람이었음이 틀림없다.

야베스가 기도함으로 소유한 넓은 지경을 오늘날 사업 확장이고 부동산 확장이라고 생각하는 것은 야베스 당시의 이스라엘 백성이 그들의 지경을 더 넓게 소유할 방법이 무엇인지를 모르기 때문에 하는 어리석은 생각들이다. 당시 이스라엘 백성이 분배받은 땅 외에 더 많은 지경을 확보할 길은 동족의 땅을 매입하는 방법이 아니라 오로지 죄악 된 가나안 족속을 몰아내고 그 땅을 정복하는 방법밖에는 없었다.

살펴본 대로 하나님의 율법은 이스라엘 동족 간이라도 토지의 영원한 매매를 금하고 있기 때문에(레 25:23) 이스라엘 백성 상호 간에는 어떠한 경우에도 타인이 조상 때로부터 분배받은 토지를 자신의 것으로 영원히 소유할 수 없었다. 따라서 동족의 땅을 매입해서 넓은 지경을 소유하는 것은 율법을 범하는 죄악이다. 그러므로 야베스가 기도를 많이 했기 때문에 농사가 잘되는 축복을 받아서 생긴 여유자금으로 많은 땅을 매입해서 지경을 넓히게 된 것으로 생각하는 것은 성경 말씀을 완전히 왜곡하는 것이다. 하나님의 말씀에 자기의 소원을 더하는 죄악이다.

오늘 우리가 더 많은 지경을 소유하기 위해 싸워야 하는 전쟁은, 그 옛날 야베스가 자기 삶에 안주하지 않고 하나님의 명령을 따라 더 많은 가나안 지경을 확보하기 위해 기도하며 자기가 정복한 지경에서 죄악의 세력 가나안 일족을 몰아내기 위해 피 흘리기까지 싸워야 했듯이, 오늘 우리도 우리 심령 가운데 임한 천국의 지경을 넓히기 위해 기도하며 피 흘리기까지 죄와 싸우는 것이고(히 12:4), 온 세상에 하나님 나라의 지경이 넓혀지도록 기도하며 복음 전파를 위해 죽도록 충성하는 믿음의 선한 싸움을 싸우는 것이다. 이처럼 죄와 피 흘리기까지 싸워야 하는 싸움의 본질이 바로 정과 욕심을 십자가에 못 박는(갈 5:24) 과정이며, 세상에 대해서는 죽고 그리스도 안에서 사는(갈 6:14) 과정이며, 무겁고 얽매이기 쉬운 죄를 벗어 버리는 과정이다(히 12:1).

오늘 우리를 얽매이게 하는 죄의 본질은 탐욕이다. 이 탐욕을 물리치지 않으면 받은바 달란트로 이윤을 남기기 위한 최선의 의무를 수행할 수 없고, 과부의 두 렙돈의 헌신을 실천할 수 없다. 그러므로 신앙인의 본질을 망각한 더 많은 소유, 더 많은 부요, 더 많은 영향력, 더 많은 지경은 우리가 부르지 말아야 할 탐욕의 이름이며, 여기에 더해 하나님의 영광을 위한다는 명목으로 더 많은 소유와 더 많은 부요와 더 많은 삶의 지경을 구하는 것은 하나님을 속이고 하나님을 만홀히 여기며 기만하려는 사탄의 간계에 미혹된 것이다.

야베스가 구한 더 넓은 지경은 그 어떤 경우에도 투자한 주식의 가치 상승, 사업 확장, 장사 이윤, 아파트 부동산 평수, 부동산 개발 투자 차익이 아니다. 따라서 더 넓은 지경을 간구하는 야베스의 기도는 잘되고 부자 되고 성공하기 위해 정상적으로는 일어나지 않는 일을 일어나게 하려고 하나님께 기적을 요청하는 기도가 아니라, 약속된 가나안 일경에서 죄악된 족속을 한 명이라도 더 추방하려는 하나님의 성전(聖戰)을 위한 피 흘리기까지의 헌신이고 결단이며, 약속된 하나님의 나라, 성령의 축복된 영역에서 육체의 소욕을 조금이라도 더 추방하기 위한 피 흘리기까지의 헌신이고 결단이다.

더 넓은 지경을 간구했던 야베스의 기도는 자신의 이름에 부여된 한계를 초월해서 환경을 변화시키려는 몸부림이 아니다. 하나님의 사람 야베스가 자신에게 부여된 소명을 다하기 위해 죽도록 충성하는 투쟁이다. 그러므로 야베스의 기도는 하나님의 사람으로 부름받은 우리가 하나님의 형상을 따라 거룩함을 이루기 위해 자기 몸을 쳐서 복종시키는 신앙의 투쟁이다. 이 신앙의 투쟁을 통해 내 속에서 성령의 소욕이 나를 다스리는 (갈 5:16~17) 천국의 지경이 넓혀지게 되는 것이다.

8. 젖과 꿀이 흐르는 약속의 땅 가나안

하나님께서는 430년간 애굽에서 종살이하던 이스라엘 백성의 가슴속에 소망의 땅 가나안의 꿈을 심어 주셨다. 노예였던 히브리 민족! 그래도 그들이 430년간 종 되었던 고달픈 삶의 수레바퀴에서 희망을 잃어버리지 않았던 것은 내일의 가나안, 그곳의 젖과 꿀이 그들의 피곤한 심신을 영원히 배고프지 않게 해 주고, 영원히 목마르지 않게 해 줄 것을 믿었기 때문이다. 그들에게는 가나안을 향한 소망이 있었기에 애굽 땅 종살이의 숙명 속에서 또 다른 내일인 여명의 아침을 소망할 수 있었다.

오늘 우리가 예수를 믿기 때문에 입버릇처럼 말하는 천국! 그러나 어쩌면 천국에 대한 우리의 열망보다도 이스라엘 백성의 가나안에 대한 열망이 더 간절한 소망일 수밖에 없었던 것은 그들의 하루하루 인생의 시간이 너무나 견디기 힘든 고통의 날들이었기 때문이다. 그래서 그들은, 그들의 조상 아브라함과 이삭과 야곱에게 약속되었던 가나안, 그 소망의 땅에 대한 약속을 아브라함과 이삭과 야곱의 하나님께서 잊어버리지 않으시는 한, 언젠가 자신들은 그곳 가나안에 당도할 것이고, 설령 그들이 그 땅을 멀리서 바라보고 열망하다 죽어간다고 할지라도 그들의 아들과 딸이, 그들의 손자와 손녀가 그곳에 반드시 당도할 것이라고 믿었기에 죽어가면서도 그들의 후세대에게 가나안의 꿈을 남겼던 것이다. 그 꿈의 흔적을 우리는 야곱과 요셉의 유언에서 찾아볼 수 있다.

"이스라엘이 요셉에게 또 이르되 나는 죽으나 하나님이 너희와 함께 계시사 너희를 인도하여 너희 조상의 땅으로 돌아가게 하시려니와"(창 48:21)

"요셉이 그의 형제들에게 이르되 나는 죽을 것이나 하나님이 당신들을 돌보시고 당신들을 이 땅에서 인도하여 내사 아브라함과 이삭과 야곱에게 맹세하신 땅에 이르게 하시리라 하고 요셉이 또 이스라엘 자손에게 맹세시켜 이르기를 하나님이 반드시 당신들을 돌보시리니 당신들은 여기서 내 해골을 메고 올라가겠다 하라 하였더라"(창 50:24~25)

그 옛날 히브리 민족이 가졌던 열망의 꿈, 그리고 그들이 불렀던 열망의 노래가 가나안이었듯이 오늘 우리가 가지고 있는

열망의 꿈, 그리고 열망의 노래 또한 그 옛날 구약 이스라엘이
열망하며 꿈꾸며 불렀던 가나안보다도 더 크고 온전한 천국이
되어야 하건만, 어쩐지 오늘 우리의 꿈들은 그 옛날 가나안이
예표하는 천국이 아니라 이 땅의 무너질 허무한 장막집인 아파
트 평수가 되었다.

　히브리 민족이 430년간 열망하며 꿈꾸었고, 한 세대 한 세대
가 그 꿈속에서 죽어 갈 때, 이 열망의 꿈은 다시 그 후손의 가
슴에 각인되어 430년을 잊지 않고 불렀던 소망의 노래가 되었
다. 그들은, 자신들이 언젠가 약속의 땅 가나안에 입성하는 날,
하나님께서 그 가나안을 세상 가운데서 가장 안전한 요새지로,
이 세상 가운데서 가장 강력한 군사 요충지로, 이 세상 가운데
서 가장 비옥한 땅으로, 이 세상 가운데서 가장 평안함과 쉼이
있는 복락의 지경으로 지켜 주시고, 그곳에서 넘쳐 나는 하나님
의 젖과 꿀이 그들의 허기진 배를 채워 주고 목마른 혀를 축여
줄 것으로 기대했다. 그러나 그들이 그토록 힘들게 지냈던 430
년 종살이의 대가로 당도했던 약속의 땅 가나안은 공짜로 주어
지는 땅이 아니라 목숨을 걸고 싸워서 쟁취해야 하는 땅이었다.
그리고, 그토록 힘써 싸워 가나안의 일부를 점령하고 기쁨으
로 그 땅을 분배받았지만, 그 땅은 사실 인도의 인더스강, 중국
의 황화강 유역의 삼각주보다도, 우리나라의 낙동강 유역의 김

해 삼각주 평야보다도 비옥한 땅이 아니었다. 그런데도 그 땅이 젖과 꿀이 흐르는 땅으로 일컬음 받았던 이유가 어디에 있었을까?

젖과 꿀! 당시의 이스라엘 백성은 이 젖과 꿀을 육신에게 배부름을 주고 육신의 갈증에 해갈을 주는 축복으로 기대했지만, 이 젖과 꿀은 먹어도 다시 배고프고 마셔도 다시 목마를 육신의 떡과 야곱의 우물물이 아니라 먹고 영원히 배고프지 않을 생명의 떡과 마시고 영원히 목마르지 않을 생명의 음료를 상징했다.

가나안이 온 세상에서 가장 영화롭고 가장 복스럽고 가장 풍요로운 젖과 꿀이 흐르는 지경이 될 수 있었던 것은 그 가나안이 바로 온 세상 가운데서 유일하게 하나님의 율례와 법도가 흘러넘치게 될 땅이었기 때문이다. 그렇다. 어찌 보면 육적인 안목으로는 그토록 척박하고, 그토록 위험천만한 가나안이 젖과 꿀이 흐르는 땅으로 약속이 되고 소망이 될 수 있었던 것은, 바로 그곳이 이 세상 가운데서 유일하게 하나님이 거하시는 영광의 전(殿)이 세워지고, 그곳에서부터 유일하게 하나님의 율례와 법도가 생명수가 되어 흘러넘칠 땅이었기 때문이다.

먼 훗날, 히브리 민족의 역사상 가장 위대한 선지자였던 이사야 선지자는 말일에 여호와의 전의 시온산이 이 세상 모든 산 위에 뛰어나고 우뚝 솟을 수 있는 것은 여호와의 전인 그곳에서 여호와의 율법과 말씀이 온 세상으로 흘러나갈 것이기 때문이라고 노래했다.

"말일에 여호와의 전의 산이 모든 산 꼭대기에 굳게 설 것이요 모든 작은 산 위에 뛰어나리니 만방이 그리로 모여들 것이라 많은 백성이 가며 이르기를 오라 우리가 여호와의 산에 오르며 야곱의 하나님의 전에 이르자 그가 그의 길을 우리에게 가르치실 것이라 우리가 그 길로 행하리라 하리니 이는 율법이 시온에서부터 나올 것이요 여호와의 말씀이 예루살렘에서부터 나올 것임이니라 그가 열방 사이에 판단하시며 많은 백성을 판결하시리니 무리가 그들의 칼을 쳐서 보습을 만들고 그들의 창을 쳐서 낫을 만들 것이며 이 나라와 저 나라가 다시는 칼을 들고 서로 치지 아니하며 다시는 전쟁을 연습하지 아니하리라"(사 2:2~4)

오늘 우리 교회세대가 이 세상 가운데서 가장 영화로운 산으로, 가장 복된 산으로, 가장 풍요로운 시온의 산으로 일컬음 받을 수 있는 것은 이 전(殿)에 모인 우리가 남들보다 더 많은 인생의 부와 성공을 누릴 수 있기 때문이 아니라 생명의 율례와 법도인 하나님의 말씀을 생명의 양식으로 먹고 생명의 음료로 마실 수 있기 때문이다.

약속의 땅 가나안! 지금의 팔레스타인은 세계 역사에서 전례를 찾아보기 힘든 열강의 각축장이었다. 하나님께서 이스라엘 백성으로 안식을 주시기 위해 그토록 인내하고 소망하고 싸워서 쟁취하게 하셨던 가나안은 사실 이 세상에서 가장 안전한 요새지가 되어야 했음에도 남으로는 애굽과 북으로는 앗수르, 바벨론, 페르시아, 헬라, 로마가 자신들의 정복욕을 채우기 위해 틈만 나면 밟고 지나다녔던 곳이다. 그곳은 나라와 나라, 민족과 민족이 칼과 창을 맞대고 대치했던 장소다. 그래서 그곳에는 전쟁의 말발굽 소리가 그칠 날이 없었다.

하나님께서는 당신이 약속하신 젖과 꿀이 흐르는 복락의 땅을 도버 해협 건너 영국으로 정하셨던 것도 아니고 알프스 넘어 스위스 땅에 건설하셨던 것도 아니다. 오히려 가나안 그곳은 모든 민족의 영토 야욕을 채우기 위한 요충지로서 가장 위험한 땅이다. 그래서 애굽과 앗수르와 바벨론과 페르시아와 헬라와 로마의 병거와 말발굽이 이 지역을 끊임없이 행진했던 것이다. 따라서 지정학적으로 팔레스타인은 이 세상에서 가장 골치 아픈 땅이었고, 가장 위험한 땅이었고, 가장 요동하는 땅이었다. 그래서 어찌 보면 하나님께서 약속하신 안식이, 노예 되었던 히브리 민족을 속여 왔던 것이 아닐까 의심이 들 정도이다. 결국 그들에게 주어진 축복의 땅 가나안은 험난한 세상 한가운데 있었다.

　오늘 우리가 예수 그리스도를 믿음으로 하나님의 나라에 들어왔지만 이 하나님의 나라를 육적인 부요와 번영과 평안과 안정이 넘쳐나는 희망의 나라로 소유하고 누리려 해서는 안 된다. 그 옛날 약속의 땅 가나안이 험난한 세상 가운데서 하나님의 선택된 땅이 되었듯이 오늘 우리도 이 험난한 세상 가운데서, 우리를 미워하는 세상 가운데서 하나님의 선택된 백성이 되었다. 그러므로 예수님을 믿었다고 해서 반드시 부요해지는 것이 아니다. 형통해지는 것도 아니다. 명예로워지는 것도 아니다. 어쩌면 더 가난해질 수도 있고, 더 고통스러워질 수도 있고, 성공하지 못할 수도 있음을 우리는 유념해야 한다.

9. 가나안 정복 전쟁의 의미

애굽에서 430년간 종살이하던 이스라엘 백성은 비록 다른 지역보다 비옥하지도 않고, 외적의 침입으로부터 안전하지도 않은 가나안 땅이었지만 하나님의 구원하심으로 그 강대한 가나안 일족을 물리치고 승전가를 부르게 되었다. 그래서 애굽의 종살이에 비하면 자기 땅도 생기고, 자기 집도 생기고, 자기 밭도 생기고, 자기 외양간도 생기고, 자기 우리도 생기게 되었다. 그러나 문제는 여기서부터 발생한다.

이스라엘 백성은 가나안 정복 전쟁의 목적이 하나님께서 그들에게 땅 마련해 주시고, 집 장만해 주시고, 풍성하고 넉넉하고 편안하게 먹고 살게 해 주시려는 것으로만 생각했다. 그래서 그들은 자기 땅이 생기고, 자기 집이 생기고, 자기 밭이 생기고, 자기 포도원이 생기고, 자기 외양간과 우리가 생겨서 먹고살 만해지자 가나안 정복 전쟁의 의미를 망각하고 말았다.

하나님의 뜻과 계획은 이스라엘 백성이 가나안 땅에서 죄악의 족속인 아모리 족속, 헷 족속, 가나안 족속, 브리스 족속, 히위 족속, 여부스 족속을 완전히 추방해서 그 땅이 오로지 하나님의 율례와 법도가 지배하는 땅이 되게 하시려 했다. 그러나 그들은 자신들에게 사유 재산이 생기자마자 하나님의 의를 이루기 위한 성전(聖戰)의 의미를 잊어버리고 자신들의 육적인 삶에 안주하기 시작했다. 그래서 여호수아가 가나안 땅을 분배할 당시에도 그때까지 정복하지 못했던 땅이 많이 남아 있었던 것이다.

이처럼 이스라엘 백성이 하나님의 뜻대로 다 쫓아내지 못해 남아 있던 가나안 일족은 결국 이스라엘 백성의 신앙을 시험하는 하나님의 심판의 도구가 되었다.

"여호와께서 이스라엘에게 진노하여 이르시되 이 백성이 내가 그들의 조상들에게 명령한 언약을 어기고 나의 목소리를 순종하지 아니하였은즉 나도 여호수아가 죽을 때에 남겨 둔 이방 민족들을 다시는 그들 앞에서 하나도 쫓아내지 아니하리니 이는 이스라엘이 그들의 조상들이 지킨 것같이 나 여호와의 도를 지켜 행하나 아니하나 그들을 시험하려 함이라 하시니라 여호와께서 그 이방 민족들을 머물러 두사 그들을 속히 쫓아내지 아니하셨으며 여호수아의 손에 넘겨주지 아니하셨더라 여호와의 사자가 길갈에서부터 보김으로 올라와 말하되 내가 너희를 애굽에서 올라오게 하여 내가 너희의 조상들에게 맹세한 땅으로 들어가게 하였으며 또 내가 이르기를 내가 너희와 함께한 언약을 영원히 어기지 아니하리니 너희는 이 땅의 주민과 언약을 맺지 말며 그들의 제단들을 헐라 하였거늘 너희가 내 목소리를 듣지 아니하였으니 어찌하여 그리하였느냐 그러므로 내가 또 말하기를 내가 그들을 너희 앞에서 쫓아내지 아니하리니 그들이 너희 옆구리에 가시가 될 것이며 그들의 신들이 너희에게 올무가 되리라 하였노라"(삿 2:20~3:4)

하나님께서 이스라엘 백성을 애굽에서 종살이시키시면서 430년 동안 가나안 땅을 허락지 않으셨던 것은 가나안 땅에 거주했던 아모리 족속의 죄악이 하나님께서 심판하실 정도로 관영하지 않았기 때문이었다.

"해 질 때에 아브람에게 깊은 잠이 임하고 큰 흑암과 두려움이 그에게 임하였더니 여호와께서 아브람에게 이르시되 너는 반드시 알라 네 자손이 이방에서 객이 되어 그들을 섬기겠고 그들은 사백 년 동안 네 자손을 괴롭히리니 그들이 섬기는 나라를 내가 징벌할지며 그 후에 네 자손이 큰 재물을 이끌고 나오리라 너는 장수하다가 평안히 조상에게로 돌아가 장사될 것이요 네 자손은 사대 만에 이 땅으로 돌아오리니 이는 아모리 족속의 죄악이 아직 가득 차지 아니함이니라 하시더니"(창 15:12~16)

하나님께서는 아모리 족속의 죄악이 관영할 때 그들을 벌하시기 위해 당신의 백성 이스라엘을 준비시키셨고, 이스라엘을 가나안 땅으로 인도해서 가나안 족속의 죄악에 대해 심판을 베푸시고, 그 보상으로 이스라엘 백성에게 가나안 땅을 주고자 하셨다. 이처럼 하나님께서 의도하셨던 가나안 정복 전쟁은 이스라엘 백성에게 먹고살 만한 집 장만과 생업의 터전을 마련해 주시려는 육적인 의미를 넘어서 가나안 땅에서 죄악의 세력을 완전히 추방하고 그곳에서 하나님의 율법의 왕국을 온전하게 세우시려는 것이었다.

그러나 이스라엘 백성은 가나안 정복 전쟁의 본질적 의미를 망각한 채 그들에게 발붙일 땅이 생기고, 살 만한 집이 생기고, 경작할 밭이 생기고, 가축을 사육할 외양간과 우리가 생기자마자 성전(聖戰)의 소명을 잊어버리고, 자기 땅 지키고, 자기 집 지키고, 자기 가족 부양하고, 자기 밭의 소출 늘리고, 자기 우리와 외양간에 더 많은 가축을 기르기 위한 이기적 목적에 사로잡혀 그들의 신앙은 복술화되어 갔다. 그들의 복술화된 신앙의 모습을 사사기 17장에 기록된 에브라임 산지 미가의 집에서 일어난 사건을 통해 적나라하게 볼 수 있다.

하나님께서 우리로 죄와 사망의 종 되었던 땅에서 해방하여 하나님의 약속하신 나라인 축복의 가나안 땅에 입성하게 하신 것은 내 인생의 꿈을 이루고, 내 아파트 평수 늘리고, 내 가족 편안하게 부양하고, 내 사업의 터전을 확장하기 위한 것이 아니라 우리의 죄악 된 마음 가운데서 육체의 소욕을 물리치고 성령의 소욕으로 다스림을 받는 사람이 되게 하려 하심이다. 그러므로 가나안 전쟁의 의미는 오늘날 육체의 소욕과 성령의 소욕의 싸움의 모형이다.

"내가 이르노니 너희는 성령을 따라 행하라 그리하면 육체의 욕심을 이루지 아니하리라 육체의 소욕은 성령을 거스르고 성령은 육체를 거스르나니 이 둘이 서로 대적함으로 너희가 원하는 것을 하지 못하게 하려 함이니라 너희가 만일 성령의 인도하시는 바가 되면 율법 아래에 있지 아니하리라"(갈 5:16~18)

"그리스도 예수의 사람들은 육체와 함께 그 정욕과 탐심을 십자가에 못 박았느니라 만일 우리가 성령으로 살면 또한 성령으로 행할지니"(갈 5:24~25)

우리 신앙인의 신성한 의무는 내 인생의 영향력을 높이고, 내 사업의 지경을 확장하고, 내 아파트 평수를 넓히기 위한 것이 아니다. 내 마음속에서, 내 삶 속에서 그 옛날 죄악의 족속

가나안 부족이 상징하고 있는 육체의 소욕을 물리치고, 성령의 소욕이 지배하는 하나님의 나라를 건설하기 위해 하나님의 성전(聖殿)을 수행해 가는 것이다. 우리의 싸움은 죄와의 싸움이고, 그런 의미에서 믿음의 선한 싸움이다. 이 싸움에 참여한 우리는 하나님 나라의 완성인 영원한 가나안, 곧 영생을 쟁취하기 위해 성령의 소욕이 지배하는 의와 경건과 믿음과 사랑과 인내와 온유를 이루어야 한다.

"너희가 죄와 싸우되 아직 피 흘리기까지는 대항하지 아니하고"(히 12:4)

"오직 너 하나님의 사람아 이것들을 피하고 의와 경건과 믿음과 사랑과 인내와 온유를 따르며 믿음의 선한 싸움을 싸우라 영생을 취하라 이를 위하여 네가 부르심을 입었고 많은 증인 앞에서 선한 증언을 하였도다"(딤전 6:11~12)

10. 가나안 정착 후 복술화된 이스라엘 신앙의 현주소

"에브라임 산지에 미가라 이름하는 사람이 있더니 그의 어머니에게 이르되 어머니께서 은 천백을 잃어버리셨으므로 저주하시고 내 귀에도 말씀하셨더니 보소서 그 은이 내게 있나이다 내가 그것을 가졌나이다 하니 그의 어머니가 이르되 내 아들이 여호와께 복 받기를 원하노라 하니라 미가가 은 천백을 그의 어머니에게 도로 주매 그의 어머니가 이르되 내가 내 아들을 위하여 한 신상을 새기며 한 신상을 부어 만들기 위해 내 손에서 이 은을 여호와께 거룩히 드리노라 그러므로 내가 이제 이 은을 네게 도로 주리라 미가가 그 은을 그의 어머니에게 도로 주었으므로 어머니가 그 은 이백을 가져다 은장색에게 주어 한 신상을 새기고 한 신상을 부어 만들었더니 그 신상이 미가의 집에 있더라 그 사람 미가에게 신당이 있으므로 그가 에봇과 드라빔을 만들고 한 아들을 세워 그의 제사장으로 삼았더라 그때에는 이스라엘에 왕이 없었으므로 사람마다 자기 소견에 옳은 대로 행하였더라 유다 가족에 속한 유다 베들레헴에 한 청년이 있었으니 그는 레위인으로서 거기서 거류하였더라 그 사람이 거주할 곳을 찾고자 하여 그 성읍 유다 베들레헴을 떠나 가다가 에브라임 산지로 가서 미가의 집에 이르매 미가가 그에게 묻되 너는 어디서부터 오느냐 하니 그가 이르되 나는 유다 베들레헴의 레위인으로서 거류할 곳을 찾으러 가노라 하는지라 미가가 그에게 이르되 네가 나와 함께 거주하며 나를 위하여 아버지와 제사장이 되라 내가 해마다 은 열과 의복 한 벌과 먹을 것을 주리라 하므로 그 레위인이 들어갔더라 그 레위인이 그 사람과 함께 거주하기를 만족하게 생각했으니 이는 그 청년이 미가의 아들 중 하나 같이 됨이라 미가가 그 레위인을 거룩하게 구별하매 그 청년이 미가의 제사장이 되어 그 집에 있었더라 이에 미가가 이르되 레위인이 내 제사장이 되었으니 이제 여호와께서 내게 복 주실 줄을 아노라 하니라"(삿 17:1~13)

에브라임 산지에 미가라는 사람이 살았다. 그런데 그의 어머니가 은 1,100을 잃어버렸다. 그러나 전후 문맥을 살펴보았을 때, 그 은은 어머니가 잃어버린 것이 아니라 아들 미가가 훔친 것이었다. 어머니는 잃어버린 은 1,100 때문에 너무 화가 나서 그 돈을 훔친 사람을 저주했다. 이때 미가는 어머니의 저주를 듣고 비로소 숨겨 놓았던 은을 그의 어머니에게 다시 내어 놓았다. 그러자 어머니는 바로 그 자리에서 "내 아들이 여호와께 복 받기를 원하노라." 하며 축복했다. 그러나 그 어머니가 여호와의 이름을 빙자하여 아들을 축복한 것은 깊은 신앙심에서 나온 것이 아니었다.

미가의 어머니는, 은 1,100을 잃어버리고 화가 나서 저주를 퍼붓고 있을 때 즉시로 아들이 그 은 1,100을 찾아오는 것을 보고 아들이 훔쳤음을 심증으로 알았을 것이다. 그런데 그 은을 훔친 자가 아들인 줄도 모르고 이미 저주를 했으니 그제라도 그 저주의 효력을 소멸하기 위해서 그녀는 곧바로 여호와의 이름으로 아들이 복 받기를 원한다고 말한 것이다.

미가 어머니의 신앙은 자신이 축복의 말을 시인해야 앞서 내려진 저주가 풀린다는 수준이다. 그녀의 생각과 말은 여호와 하나님을 섬기는 신앙심의 발로가 아니라 이방의 미신적인 주술적 기복신앙의 발로였다. 마치 오늘날 입술로 시인하면 생각하고 소원하는 것이 이루어진다고 믿고, 꿈을 디자인하면 그 꿈이 이루어진다고 믿는 사이비 신앙처럼. 또한, 미가의 어머니가 은 200을 은장색에게 주어 아들을 위해 신상을 부어 만들고 우상을 숭배하는 행동으로 미루어 볼 때, 그녀가 아들을 위해 여호와께 복 받기를 원한다고 했던 것은 여호와만 섬기는 신앙에서 나온 축복이 아니라 입으로만 "주여! 주여!" 하는 미신적인 주문과 주술의 한 형태에 불과한 것이었다.

결국 미가의 어머니는 미신적인 신앙의 소유자였다. 미신적인 신앙의 특징이 바로 입만 열면 여호와의 이름으로 복! 복!

복! 하는 것이다. 오늘날도 마찬가지이다. 그 옛날 미가의 어머니가 하나님을 신앙하면서도 신상을 부어 만드는 우상 숭배자였듯이 많은 신앙인이 예수 그리스도에 대한 신앙을 가졌으면서도 물질과 세상을 하나님과 더불어 사랑하는 신약판 우상 숭배자이다. 복술적 기복주의 신앙에 젖어 입만 열면 주의 이름으로 복! 복! 복! 하고 있다.

아들 미가의 신앙도 그 어머니와 다름없었다. 여호와 신앙을 가진 이스라엘 사람이었지만 제사장의 겉옷인 에봇과 함께 우상 드라빔을 자신의 신당에 두고서 하나님도 신앙하고 우상 숭배도 하는 우스운 신앙인이다. 또 그의 이름은 얼마나 거창한 의미인지 모른다. 미가라는 이름의 의미는 "누가 여호와를 닮았는가", "여호와와 같은 자가 누군가"이다. 이 얼마나 거창한 이름인가? 이름만 보면 그가 너무나 대단한 신앙인인 것처럼 보인다. 누가 여호와와 같은가라는 의미의 이름은 가졌으면서도 하나님과 우상을 동시에 섬기는 세속적인 신앙인! 바로 이것이 당시 이스라엘 백성의 신앙의 현주소였다.

하나님에 대한 신앙을 가졌으면서도 세속의 복을 위해 우상도 섬기는 기복주의자들! 바로 그 복술의 신앙으로부터 오직 하나이신 야웨 종교는 보잘것없는 이방의 종교와 혼잡되어 변질해 갔다. 바로 여기서부터 야웨 종교가 세속의 종교로 추락하는 비극이 시작되었다.

오늘날은 하나님을 신앙하면서 따로 신당을 만들 필요도 없다. 그것은 이미 교회 안에 응답! 응답! 문제 해결! 문제 해결! 축복! 축복! 하는 복술의 교훈들이 장사진을 이루고 있기 때문이다. 그래서 미가처럼 돈 들여서 신당을 만들지 않아도 교회만 가면 기복주의 목회자들이 우리 삶의 먹고 마시고 입고의 욕구를 얼마든지 세속의 교훈과 이방인의 기도로써 충족시켜 주기 때문이다.

에봇은 대제사장의 겉 예복이었지만 우상처럼 숭배의 대상으로 사용되었고(삿 8:27), 드라빔은 고대 근동 지방에서 가정을 지키는 수호신으로 숭배되던 물건으로 점칠 때와(겔 21:21) 허탄한 예언을 할 때(슥 10:2) 사용되었던 신상이다. 에봇과 드라빔은 신의 뜻을 알기 위한 신탁의 도구였다. 이것은 당시 이스라엘 백성이 오직 하나이신 하나님을 찬양하고 영화롭게 하기 위해 예배했던 것이 아니라, 먹고 마시고 입고의 복이나 주시는 하나님으로 알고 그 복을 받기 위해 하나님을 예배했었다는 명백한 증거이다.

오늘날도 축복, 응답, 문제 해결과 관련된 모든 신앙을 보면 하나같이 이것 하면서도 하나님의 뜻, 저것 하면서도 하나님의 뜻, 언제 하는 것이 하나님의 뜻인가? 이리로 가야 하나님의 뜻인가 저리로 가야 하나님의 뜻인가? 하면서 입으로는 하나님! 하나님! 하고 있지만, 그런 것들은 사실 늘 자기 인생의 먹고 마시고 입고의 문제와 관련된 것이지 하나님을 찬양하고 경배하기 위한 신앙의 목적이 아니다. 표면적으로야 하나님의 뜻을 구하는 경건한 신앙 같지만 그 내면에는 하나님의 뜻이라야 그 일이 실패하지 않고 성공할 것이고, 일이 잘 풀려 복 받을 것이라는 기복주의 신앙에 그 뿌리를 두고 있다. 결국, 그것은 하나님의 뜻을 구한 것이 아니라 자기 하는 일이 잘되고 성공하고 복 받기를 구한 것에 불과한다.

미가는 신당을 버젓이 세워 놓고 자기의 아들을 제사장으로 삼았다. 원래 제사장은 레위 지파 가운데서만 세울 수 있었다. 그런데 미가가 율법을 어기면서까지 자기 아들을 제사장으로 세웠던 것이 설마하니 하나님을 찬양하고 경외하고 섬기고 싶은 마음이 간절했기 때문이었겠는가? 아니다. 그는 복 받고 싶은 기복주의자에 불과하다. 그는 기복의 욕구를 충족시키기 위해 하나님의 말씀을 어기면서까지 자기 아들을 제사장으로 삼았던 것이다. 마찬가지로 오늘 우리도 기복의 욕구를 충족시키기 위해 하나님께서 먹고 마시고 입고의 문제로 기도를 하지 말라고 명하셨음에도 그 말씀을 어기면서까지 먹고 마시고 입고의 문제로 중언부언 기도하고 있다.

사사기 17장은 계속해서 미가의 우스운 신앙을 고발한다. 베들레헴에 유다 가족에 속한 한 소년인 레위인이 있었다. 그 레위 소년은 합법적인 제사장 계열의 사람이다. 그런데 그가 베들레헴에서 먹고 마시고 입기가 마땅치 않아 거할 곳을 찾아다니다 에브라임 산지의 미가 집에 도착했다. 그는 비록 제사장 지파의 뼈대 있는 성직자 혈통이었지만 단지 생계를 위해서 거주지를 찾아 떠도는 이름뿐인 제사장이었다. 마치 오늘날에 목회할 임지가 없어서 임지를 찾아 이력서를 들고 다니는 목사들처럼 말이다. 이때 미가는 얼씨구 좋다 싶어서 이력서를 보니 이 레위 소년의 족보가 뼈대 있는 제사장 집안의 출신, 즉 오늘날의 명문 신학교 출신이었다.

미가는 레위 소년의 인격이나, 목회 방향이나, 목회 철학이나, 목회 마음가짐이나, 목회 소명감은 상관없이 오로지 그 출신 족보만을 보고, 그 출신 신학교만을 보고 채용했다. 그래서 레위 소년은 하나님의 율법을 대언하기 위해 미가의 집에 제사장으로 고용되었던 것이 아니고, 단지 미가 집안의 종교심을 충족시켜 주고 하나님의 이름으로 복이나 빌어 주는 목회자로 취직되었던 것이다.

오늘날도 교인의 눈치나 보면서 그들의 필요와 욕구를 채워 주는 설교를 하는 목회자들은 그 옛날 미가 집안의 레위 소년처럼 단지 종교심이나 채워 주고 복이나 빌어 주는 직장인에 불과하다. 사도 바울은 사람을 기쁘게 하랴 하나님을 기쁘시게 하랴 만일 내가 사람을 기쁘게 하는 것이었다면 그리스도의 종이 아니라고 단언했다(갈 1:10).

미가는 레위인이 자신의 제사장이 되었기에 여호와께서 복 주실 것이라고 믿어 의심치 않았다. 과연 이런 믿음이 참된 신앙의 믿음인가? 아니다. 그것은 단지 복술의 신념에 불과하다. 미가는 하나님! 하나님! 하면서도 미신적인 신앙관에 젖어 있는 세속화된 가라지 신앙인이다.

오늘날도 우리를 위해 물과 피를 쏟으신 사랑의 하나님을 마음과 성품과 힘을 다해 섬기지는 못하면서, 또한 이미 주신 것으로 감사하며 불우한 형제들과 자기의 가진 것으로 나누지는 못하면서, 자기의 가진 것으로 복음을 위해 온전히 헌신하지는 못하면서 그저 자기 인생 책임지시고, 자기 인생 도와주시고, 자기 인생 형통하게 해 주시고, 자기 인생 복 주시는 하나님으로만 주여! 주여! 하며 섬기고 있는 신앙인들, 이들 역시 겉으로는 철야기도 새벽기도 빠지지 않고 헌금도 잘하는 뜨거운 신앙인으로 보인다. 그러나 이러한 종교 행위는 절에 새벽 불공드리러 가는 사람들과 절에 목돈 시주하는 사람들의 모습에서도 얼마든지 볼 수 있다.

아무리 종교 행위를 열심히 하고, 아무리 헌금을 잘 내는 사람이면 무엇하는가? 그 신앙 행위의 뿌리가 성경에 근거한 하나님 사랑과 이웃 사랑에 있는 것이 아니라 먹고 마시고 입고를 위한 세속적 기복 신앙에 있다면 하나님께 예배한 것이 아니다.

미가나 그의 어머니는 하나님을 하나님 되게 섬기지는 못하면서 말끝마다 하나님! 하나님! 말끝마다 복! 복! 하는 가라지 신앙인들이다. 사사 시대 350여 년 동안 하나님을 떠나가고 떠나갔던 이스라엘 백성의 신앙의 결국은 복술의 신앙으로부터 타락의 길을 걸어갔다. 하나님 나라와 의를 위한 거룩한 성전(聖戰)을 포기하고 그저 자기 집의 번성이나 생각하고, 자기 밭의 소출이나 생각하고, 자기 외양간의 소나 생각하는 신앙인들의 결국이 자기 문제 중심의 복술 신앙으로 타락해 가는 것은 피할 수 없는 결과이다.

오늘날도 하나님의 나라와 의를 위해서 기도하지는 못하면서 자신의 인생 먹고 마시고 입고를 위해서는 열심히 기도하는 사람 중에 과연 자기의 것을 가지고 자기 것이라 말하지 않고 형제를 위해 자기의 것을 나누어 줄 수 있는 신앙의 사람이(행 4:32~35) 몇이나 되겠는가? 자기 있는 것으로, 자기 가진 것으로, 자기 먹을 것으로, 자기 마실 것으로, 자기 입을 것으로, 배고픈 형제와 배고픈 소자에게 나누어 주는 사랑의 행위에 대해서는 너무나도 인색한 것이 오늘 우리의 모습이다. 하나님은 형제를 위해 목숨까지라도 줄 수 있는 사랑의 열매를 원하셨다 (요일 3:16). 우리의 가진 재물을 가지고 형제의 궁핍함을 도와주는 삶의 열매는(요일 3:17) 하나님께서 우리에게 당연히 요구하시는 절대적인 신앙의 열매이다.

오늘날 우리가 아무리 주여! 주여! 하면서 하나님을 섬기는 것처럼 신앙한다고 해도 우리 신앙의 목적이 개인 문제 중심의 복! 복! 복! 타령을 하고 있다면 그곳에는 구원이 없다.

11. 나의 지경을 넓히시고

오늘날 우리는 야베스가 기도했던 "나의 지경을 넓히시고"를 너무나 세속적인 시각으로 헤아린다. 그것은 먹음직하고 보암직한 탐욕의 마음을 가지고 하나님의 말씀을 보았기 때문이다. 그래서 하나님의 말씀이 영혼을 살리는 생명의 말씀이 아니라 육신을 배부르게 하기 위한 세속의 교훈으로 전락하게 된 것이다. 그 결과 "나의 지경을 넓히시고"를 우리에게 물질적인 축복을 약속하는 말씀으로 오해해서 먹을 것과 마실 것과 입을 것의 지경을 넓히기 위한 기도의 구절로 인용하고 있다. 그러나 야베스의 기도는 우리가 기도하면 하나님께서 부동산 평수, 아파트 평수, 공장 평수, 사무실 평수, 영업장 평수를 넓혀 주시고, 내 사업의 지경을 넓혀 주시겠다는 약속의 말씀이 아니다.

이 말씀을 바르게 이해하기 위해서는 율법이 규정하고 있는 토지개념을 알아야 한다. 율법은 이스라엘 백성에게 토지를 영영히 매매하지 말 것을 명령하고 있다.

"토지를 영구히 팔지 말 것은 토지는 다 내 것임이니라 너희는 거류민이요 동거하는 자로서 나와 함께 있느니라"(레 25:23)

이스라엘 백성은 땅의 상속권이 완전히 상실되게 땅을 팔아서도 안 되며, 또한 땅을 사더라도 그 땅을 영원히 자기 소유로 삼을 수 없었다. 이유는, 토지는 이스라엘 개개인의 것이 아니라 하나님의 것이기 때문이다. 따라서 오늘날 우리가 흔히 생각하는 것처럼 만약 야베스가 자신의 지경이 확대되어 넓은 부동산을 소유하게 되었다면, 그는 하나님의 율법을 거역한 사람이 되는 것이다. 그렇다면 그는 학사 에스라에 의해서 역대기서에 기도의 주인공으로 등장할 수도 없었을 것이다.

이스라엘 백성이 점유하고 있는 땅 전체는 야웨 하나님의 소유였다. 이스라엘 백성은 단지 소작인으로서 그 땅을 하나님으로부터 분배받은 것에 불과했다. 그러므로 누구도 하나님의 소유인 가나안 땅의 지분을 돈을 받고 영원히 팔 수 없었고, 돈을 주고 영원히 살 수 없었다. 설령 동족의 땅을 금전 채무에 의해서 소유하게 되었다고 할지라도 희년, 즉 오십 년마다 저당 잡았던 모든 땅을 그 원래 주인에게 돌려주어야만 했다. 그리고 희년이 되기 전이라도 금전적 어려움으로 인해 땅을 저당 잡힌 사람의 친족은 자기들의 형편에 따라서 의무적으로 저당 잡힌 친족의 땅을 매입해서 돌려주어야 했다. 결국 이스라엘 백성은 어떤 경우에도 타인의 지경을 영원히 소유할 수 없었다.

"너희 기업의 온 땅에서 그 토지 무르기를 허락할지니 만일 네 형제가 가난하여 그의 기업 중에서 얼마를 팔았으면 그에게 가까운 기업 무를 자가 와서 그의 형제가 판 것을 무를 것이요 만일 그것을 무를 사람이 없고 자기가 부유하게 되어 무를 힘이 있으면 그 판 해를 계수하여 그 남은 값을 산 자에게 주고 자기의 소유지로 돌릴 것이니라 그러나 자기가 무를 힘이 없으면 그 판 것이 희년에 이르기까지 산 자의 손에 있다가 희년에 이르러 돌아올지니 그것이 곧 그의 기업으로 돌아갈 것이니라"(레 25:24~28)

이 율법이 신실한 신앙인들에 의해서 시행되었다는 증거는 예레미야가 예루살렘이 포위되었을 당시에 친족의 땅을 무른 것과(렘 32:6~15) 룻기서에서 보아스가 그의 친족 나오미가 팔았던 엘리멜렉의 땅값을 무른 것에서 찾아볼 수 있다(룻 4:1~12).

단언하건대 율법을 지켜 행하는 신실한 신앙인이라면 땅 부자가 결코 될 수가 없다. 이처럼 당시 이스라엘 사회에서는 어떤 사람이 경제적 어려움 때문에 조상 때로부터 물려받았던 땅의 권리를 찾을 수 없을 때 그 사람의 친족이 그 땅의 권리를 대신 회복시켜 주어야 할 책임이 있었다. 이렇게 해서 그들은 대가족 내에서 언약 공동체의 일원이라는 표시로 계속 땅을 보유할 수 있었는데, 이 놀라운 사랑의 법이 초대 교회에서 자기 것을 자기 것이라 하지 않고 핍절한 형제 교인을 구제하는 사랑으로 승화되어 나타났다(행 4:32~35).

이 제도를 율법에서는 '고엘(구속자)'이라고 했다. 이처럼 가까운 친족간의 사랑의 책임과 관련해서 구체적으로 살펴보면, 친족이 토지를 팔았을 경우 그 사람의 땅을 도로 사 주어야 했고(레 25:25), 친족이 종이 되었을 경우 돈을 주고 해방해야 했다(레 25:47~49). 바로 이 율법의 이념은 신약에 와서 형제를 위해 가진 재물을 아까워하지 말아야 하는 사랑의 계명으로 완성된다.

"내 형제들아 만일 사람이 믿음이 있노라 하고 행함이 없으면 무슨 유익이 있으리요 그 믿음이 능히 자기를 구원하겠느냐 만일 형제나 자매가 헐벗고 일용할 양식이 없는데 너희 중에 누구든지 그에게 이르되 평안히 가라, 덥게 하라, 배부르게 하라 하며 그 몸에 쓸 것을 주지 아니하면 무슨 유익이 있으리요 이와 같이 행함이 없는 믿음은 그 자체가 죽은 것이라"(약 2:14~17)

"그가 우리를 위하여 목숨을 버리셨으니 우리가 이로써 사랑을 알고 우리도 형제들을 위하여 목숨을 버리는 것이 마땅하니라 누가 이 세상의 재물을 가지고 형제의 궁핍함을 보고도 도와 줄 마음을 닫으면 하나님의 사랑이 어찌 그 속에 거하겠느냐 자녀들아 우리가 말과 혀로만 사랑하지 말고 행함과 진실함으로 하자 이로써 우리가 진리에 속한 줄을 알고 또 우리 마음을 주 앞에서 굳세게 하리니"(요일 3:16~19)

구약의 이 '고엘' 제도는 율법의 이념인 형제 사랑의 계명을 실천하게 하려는 것이었고, 이것은 신약에 와서 교회 성도들 상호 간에 말과 혀로 만의 사랑, 표정과 인사 정도만의 사랑이 아니라 형제의 어려움을 위해서 자기의 금전적 손실을 감수하면서까지 철저하게 사랑해야 하는 사랑의 새 계명으로 승화되었다. 그래서 구약의 율법은 폐하여지지 않고 사랑 안에서 영원해진다.

교회 공동체 안의 핍절한 형제를 위해서 내 소유를 아까워하지 말아야 하는 것은 우리의 대속자가 되셔서 우리를 구원하시려고 피 흘리신 그리스도의 사랑이 우리를 위해 목숨까지 내어주신 사랑이기 때문이다. 그러므로 주님께서는 주님의 사랑 안에 거하기 위해서는 사랑의 계명을 실천해야 하는데 우리가 실천해야 하는 사랑은 친구를 위해 목숨을 버릴 수 있는 사랑이어야 한다고 말씀하셨던 것이다.

"아버지께서 나를 사랑하신 것같이 나도 너희를 사랑하였으니 나의 사랑 안에 거하라 내가 아버지의 계명을 지켜 그의 사랑 안에 거하는 것같이 너희도 내 계명을 지키면 내 사랑 안에 거하리라"(요 15:9~10)

"내 계명은 곧 내가 너희를 사랑한 것같이 너희도 서로 사랑하라 하는 이것이니라 사람이 친구를 위하여 자기 목숨을 버리면 이보다 더 큰 사랑이 없나니 너희는 내가 명하는 대로 행하면 곧 나의 친구라"(요 15:12~14)

예수 그리스도께서 우리를 위해서 목숨을 버리는 사랑을 주셨기에 마땅히 우리도 형제들을 위해 목숨을 버리는 사랑을 주어야 한다. 그런데 우리가 목숨보다도 귀하지 않은 재물의 손실은 감당하려 하지 않으면서 말과 혀로만, 표정과 인사로만 사랑한다면 우리의 사랑은 거짓 사랑이다.

초대 교회 공동체는 주님께서 명하셨던 철저한 사랑의 율법, 사랑의 계명을 실천했다.

"믿는 무리가 한마음과 한뜻이 되어 모든 물건을 서로 통용하고 자기 재물을 조금이라도 자기 것이라 하는 이가 하나도 없더라 사도들이 큰 권능으로 주 예수의 부활을 증언하니 무리가 큰 은혜를 받아 그중에 가난한 사람이 없으니 이는 밭과 집 있는 자는 팔아 그 판 것의 값을 가져다가 사도들의 발 앞에 두매 그들이 각 사람의 필요를 따라 나누어 줌이라"(행 4:32~35)

"형제들아 하나님께서 마게도냐 교회들에게 주신 은혜를 우리가 너희에게 알리노니 환난의 많은 시련 가운데서 그들의 넘치는 기쁨과 극심한 가난이 그들의 풍성한 연보를 넘치도록 하게 하였느니라 내가 증언하노니 그들이 힘대로 할 뿐 아니라 힘에 지나도록 자원하여 이 은혜와 성도 섬기는 일에 참여함에 대하여 우리에게 간절히 구하니 우리가 바라던 것뿐 아니라 그들이 먼저 자신을 주께 드리고 또 하나님의 뜻을 따라 우리에게 주었도다"(고후 8:1~5)

예수 그리스도께서 명하신 사랑의 계명을 실천하기 위해 초기 예루살렘 교회 공동체는 핍절한 형제를 위해 자기 재물을 자기 것이라 하지 않고 나누었으며, 마게도냐 교회는 수천km 떨어진 예루살렘 교회를 위해 자신들의 극한 가난을 돌아보지 않고 오히려 힘에 지나도록 풍성한 연보를 했다. 바로 이 눈부신

실천적 사랑 안에서 구약의 율법은 온전히 완성되었다.

이스라엘 백성은 "토지를 영영히 팔지 말라." 하신 하나님의 명령을 따라 자기들의 토지를 남에게 영원히 돈을 받고 양도할 수 없었을 뿐 아니라 타인의 토지를 어떤 이유로도 영원히 자기 소유로 만들 수 없었다. 그래서 아합왕이 나봇의 포도원을 사겠다고 제의했을 때, 나봇은 모든 금전적 이득을 포기하고 아합 왕의 위협에도 전혀 굴하지 않으면서 자신의 열조가 물려준 기업의 땅을 죽음으로써 지켜 내었던 것이다. 이렇게 함으로써 그는 하나님께서 명하신 율법을 죽기까지 순종했다(왕상 21:1~16).

개개인의 토지를 영원히 양도할 수 없고, 타인의 토지를 영원히 소유할 수 없는 구약의 율법의 규례에 비추어 볼 때 "나의 지경을 넓혀 주시옵소서."라고 했던 야베스의 기도는 자신을 땅 부자 만들어 달라는 기도가 결코 아니다. 그런데 오늘 우리는 야베스의 기도를 인용하며 이 땅에서 물질적 축복을 받게 해 달라고 기도하고 있다. 말씀을 가르치는 자나 배우는 자 모두 탐욕에 눈이 어두워 먹음직하고 보암직한 욕심을 가지고 하나님의 말씀을 바라보고 있기 때문에 신령한 말씀의 뜻을 세속적인 목적으로 해석해서 경건의 말씀을 이익의 재료로 만들었다(딤전 6:5).

12. 교회에게 약속된 지경의 축복

오늘 교회세대는 경건을 이익의 재료로 생각하는 다른 복음의 범람 속에서 예수 그리스도의 경건에 관한 교훈의 말씀에 착념하지 않다 보니 가르치는 자나 배우는 자 모두 투기와 분쟁과 훼방의 행위를 멈추지 못하고, 돈을 사랑하는 악한 생각에서 벗어나지 못하고 있다(딤전 6:3~10).

가르치는 자나 배우는 자 모두가 하나님의 모든 일을 축복이라는 미명으로 금전적인 가치 기준에서 생각하고 금전적인 가치 기준에 따라 행동한다. 그래서 이 땅에서 청지기의 삶을 실천하기 위해서 신앙하는 것이 아니라 이 땅에서의 안락과 성공과 부와 평안과 명예를 추구하는 것에 가치를 두고 신앙한다. 그러다 보니 예수를 믿고 신앙을 열심히 하면 부자 되고 성공한다는 믿음 아닌 믿음이 모든 교인의 마음에 자리 잡고 있다. 따라서 믿음의 선한 싸움의 목적이 성령의 열매인 의와 경건과 믿음과 사랑과 인내와 온유가(딤 6:11~12) 아니라 이 땅에서 소원의 꿈을 이루고, 인생 문제 해결 받는 것이 되었다. 그래서 하나님의 말씀을 경건을 이루기 위한 신령한 말씀으로 바라보지 않고 자기 인생에 이익을 가져다주는 황금 열쇠로 생각한다. 이들에게 있어 믿음의 선한 싸움의 결국은 영생이(딤전 6:12) 아니라 인생에서의 꿈의 성취와 인생 문제의 응답이다.

야베스가 구했던 "복의 복"은 그 옛날 그들의 믿음의 조상인 아브라함이 하나님께 약속받았던 참된 축복으로서 그 축복의 본질은 '씨와 나라', 즉 '후손과 지경'에 대한 축복이었다. 그래서 그 축복은 씨의 축복으로서 오늘 우리에게 영적 아브라함의 후손이 되는 것으로 임했고, 나라의 축복은 구약 이스라엘 백성에게는 가나안 지경을 통해 성취되었고, 오늘 우리에게는 천국 지경을 통해 성취되었다.

아브라함은 육체적인 할례에 의해서 구약 이스라엘 백성의 조상이 되었고, 그가 하나님을 향해 가졌던 믿음에 의해서 신약 이스라엘 백성인 교회세대의 믿음의 조상이 되었다. 따라서 오늘날 교회세대는 아브라함이 받았던 씨의 축복이 성취된 시대이다.

"그가 할례의 표를 받은 것은 무할례시에 믿음으로 된 의를 인친 것이니 이는 무할례자로서 믿는 모든 자의 조상이 되어 그들도 의로 여기심을 얻게 하려 하심이라 또한 할례자의 조상이 되었나니 곧 할례

받을 자에게뿐 아니라 우리 조상 아브라함이 무할례시에 가졌던 믿음의 자취를 따르는 자들에게도 그러하니라 아브라함이나 그 후손에게 세상의 상속자가 되리라고 하신 언약은 율법으로 말미암은 것이 아니요 오직 믿음의 의로 말미암은 것이니라 만일 율법에 속한 자들이 상속자이면 믿음은 헛것이 되고 약속은 파기되었느니라 율법은 진노를 이루게 하나니 율법이 없는 곳에는 범법도 없느니라 그러므로 상속자가 되는 그것이 은혜에 속하기 위하여 믿음으로 되나니 이는 그 약속을 그 모든 후손에게 굳게 하려 하심이라 율법에 속한 자에게뿐만 아니라 아브라함의 믿음에 속한 자에게도 그러하니 아브라함은 우리 모든 사람의 조상이라"(롬 4:11~16)

우리는 아브라함의 믿음의 길을 따라 예수 그리스도를 구주로 믿는 믿음으로 예수 그리스도 안에서 하늘에 속한 모든 신령한 복을 받은 복된 하나님의 아들들이 되었다(엡 1:3~5). 그리고 우리는 예수 그리스도 안에서 하나님의 아들들이 되었기 때문에 하나님의 약속의 나라를 유업으로 받게 되었다(약 2:5). 그러므로 우리가 이 땅에서는 비록 가난하다 할지라도, 핍박받는 존재라 할지라도 하나님께서는 우리를 믿음의 부요한 자로 택하셔서 구약 이스라엘 백성에게 약속하셨던 보이는 가나안의 지경보다도 더 광대한 하나님의 나라를 유업으로 받게 하신 것이다.

우리가 이 땅에서 힘써야 하는 신앙의 삶은 이 땅에서 인생의 꿈을 성취하고 인생의 난관을 돌파하고 운명의 저주를 끊어 내려는 허무한 몸부림이 아니라, 의와 경건과 믿음과 사랑과 인내와 온유로 나타나는 성령의 열매를 결실하기 위한 피나는 싸움이어야 한다. 바로 이 싸움이 성령의 소욕으로 육체의 소욕을 물리치고 성령이 지배하는 심령의 지경을 넓히기 위한 성화의 과정이다.

우리가 넓혀야 하는 지경은 가난을 물리치고, 실패를 물리치고 차지하는 육적 삶의 부요와 성공의 지경이 아니라 육체의 소욕으로 상징된 죄악의 세력을 물리치고 성령이 지배하는 거룩한 심령의 지경이다. 바로 이 심령의 지경이 신약적 의미의 가나안이며 우리가 소유한 약속의 유업인 하나님의 나라, 곧 천국이다.

우리가 예수 그리스도 안에서 하늘에 속한 모든 신령한 복을 받은 것은 우리로 거룩하고 흠이 없게 하시려는 하나님의 뜻을 이루기 위함이다(엡 1:4). 하나님께서 우리를 예수 그리스도로 말미암아 당신의 아들들이 되게 하신 것은 하늘에 속한 의의 복과 경건의 복과 믿음의 복과 사랑의 복과 인내의 복과 온유의 복을 받은 부요한 자가 되게 하시며 거룩하고 흠이 없는 자로서 약속된 새 하늘과 새 땅의 축복에 동참하게 하려 하심이다(벧후 3:13~14). 그런 의미에서 이 땅은 우리가 소원하는 꿈을 성취하기 위한 터전이 아니라 하나님의 청지기로서 하나님께서 맡기신 재산을 잘 관리해야 하는 터전이다. 그러므로 이 땅에서 자기의 부동산 지경을 넓히기 위한 신앙이 아니라 하늘에 속한 축복인 예수 그리스도의 사랑을 받은 자로서 사랑에 부요한 자가 되어 사랑을 실천하는 신앙을 할 때 우리는 그 지경의 끝이 보이지 않는 광대한 하나님의 사랑의 나라를 마음속에 소유하게 된다.

"네가 이 세대에서 부한 자들을 명하여 마음을 높이지 말고 정함이 없는 재물에 소망을 두지 말고 오직 우리에게 모든 것을 후히 주사 누리게 하시는 하나님께 두며 선을 행하고 선한 사업을 많이 하고 나누어 주기를 좋아하며 너그러운 자가 되게 하라 이것이 장래에 자기를 위하여 좋은 터를 쌓아 참된 생명을 취하는 것이니라"(딤전 6:17~19)

이처럼 우리에게도 "좋은 터" 곧 지경의 축복이 약속되어 있다. 그러나 이 지경의 축복은 이 땅의 부동산이 아니라 참된 생명의 터, 곧 생명의 지경이다. 예수 그리스도의 사랑을 많이 실천하는 자는 생명의 터, 즉 생명의 지경을 넓히게 된다. 그러므로 우리가 넓혀야 하는 지경은 생명의 지경이고, 이 생명의 지경은 사랑의 선행을 힘쓰는 자만이 소유할 수 있다. 사랑에 부요한 자가 되기 위해서는 육체의 정욕을 제어해야 한다. 이 세상에 대한 욕심을 가지고 어떻게 예수 그리스도의 사랑을 실천할 수 있겠으며, 예수 그리스도의 계명을 지킬 수 있겠는가?

오늘 우리가 가진 모든 소유물의 주인은 우리 자신이 아니라 하나님이시다. 따라서 하나님께서는 우리에게 자기의 재물을 가지고 넓은 집 이사 가기 위해서 힘쓰지 말고 선한 일을 행하기 위해 힘쓸 것을 명령하신다. 이 명령을 지키기 위해서 우리는 하나님의 말씀을 내 개인의 재산을 증식시켜 주는 탐욕의 시각으로 바라보지 말고 경건을 이루게 하는 생명의 말씀으로 바라보아야 한다.

하나님의 말씀은 이 땅에서 우리에게 육체의 정욕을 제어할 것을 명령하고 있다. 그리고 육체의 정욕을 제어한 자는 하나님의 말씀을 경제적인 안녕을 가져다주는 희망의 언어로 바라보지 않고 경건을 이루는 채찍의 말씀으로 바라보게 된다. 그리고 우리가 힘써서 이루어야 하는 경건은 육체의 정욕을 제어해서 세속에 물들지 않고 예수 그리스도의 사랑의 새 계명을 힘써 실천하는 것이다.

"하나님 아버지 앞에서 정결하고 더러움이 없는 경건은 곧 고아와 과부를 그 환난 중에 돌보고 또 자기를 지켜 세속에 물들지 아니하는 그것이니라"(약 1:27)

13. 교회가 구해야 하는 지경의 축복

"너희에게 인내가 필요함은 너희가 하나님의 뜻을 행한 후에 약속하신 것을 받기 위함이라 잠시 잠깐 후면 오실 이가 오시리니 지체하지 아니하시리라"(히 10:36~37)

오늘 우리가 해야 하는 기도는 비록 우리가 가난 가운데 있다 할지라도, 비록 우리가 실패 가운데 있다 할지라도, 비록 우리가 핍박 가운데 있다 할지라도 초대 교회 성도들처럼 더 낫고 영구한 산업의 지경을 바라보고, 예수 그리스도의 다시 오심을 대망하면서 인내하는 가운데 그분 앞에 흠도 점도 없이 나타나기를 구하는 성화를 위한 기도이다(벧후 3:14). 그리고 가난과 실패 가운데서도 동일한 시련 가운데 있는 형제들을 위로하고 동정할 수 있는 사랑의 은사를 구하는 기도이다.

우리 모두의 간절한 바람의 메아리는 "아멘! 주 예수여, 오시옵소서!"가 되어야 한다. 따라서 우리는 이 땅의 쇠하고 없어질 것을 추구하는 이방인들처럼 기도할 것이 아니라 쇠하지 않는 하늘의 영광을 구하는 기도를 해야 한다. 그래서 하늘에서 이루어진 하나님의 뜻이 우리를 통해 이 땅에서 이루어지도록 해야 한다.

하나님의 뜻은 이 땅에서 우리가 거룩하고 흠이 없는 사람이 되는 것이다.

"곧 창세전에 그리스도 안에서 우리를 택하사 우리로 사랑 안에서 그 앞에 거룩하고 흠이 없게 하시려고"(엡 1:4)

"그러므로 너희 마음의 허리를 동이고 근신하여 예수 그리스도께서 나타나실 때에 너희에게 가져다주실 은혜를 온전히 바랄지어다 너희가 순종하는 자식처럼 전에 알지 못할 때에 따르던 너희 사욕을 본받지 말고 오직 너희를 부르신 거룩한 이처럼 너희도 모든 행실에 거룩한 자가 되라 기록되었으되 내가 거룩하니 너희도 거룩할지어다 하셨느니라"(벧전 1:13~17)

지금 우리에게 절박한 신앙의 삶은 인생에서 디자인한 꿈을 성취하는 것이 아니라 육체의 소욕을 본 삼지 말고 성령의 소욕대로 정과 욕심을 십자가에 못 박고 성령으로 살고 성령으로 행하는 성령의 열매 맺는 삶이다(갈 5:16~25).

오늘 우리는 "성령 충만 주시옵서."라고 기도하면서도 실제 기도의 목적은 인생 문제에 두고 있다. 성령은 인생 문제 해결을 위한 도깨비방망이가 아니다. 우리 신앙의 목적은 인생에서 꿈의 성취가 아니라, 예수 그리스도의 형상을 따라 거룩하고 흠이 없는 삶을 살아가는 것이다.

예수 그리스도께서 과연 자기 인생의 꿈을 믿음으로 디자인하셨겠는가? 예수님께서 과연 좋은 집, 좋은 차, 좋은 직장을 꿈꾸시고, 부자 되고 성공한 미래의 자신을 긍정적 마인드로 꿈꾸시며, 바벨탑같이 웅장한 자신의 교회 건축을 소원하셨겠는까?

야베스가 하나님의 약속을 의지해서 믿음으로 기도했던 지경은 부동산 평수, 아파트 평수, 개인의 경제적 풍요가 아니다. 야베스가 구했던 지경은 오직 약속의 기업인 가나안이었고, 약속의 땅 가나안은 천국, 곧 하나님의 나라이다.

이사야 선지자는 이 땅에 메시아가 오시는 날, 이스라엘 백성이 광대한 땅을 목도하게 될 것이라고 노래했다.

"네 눈은 왕을 그의 아름다운 가운데에서 보며 광활한 땅을 눈으로 보겠고"(사 33:17)

여기서 영광 중의 왕은 이스라엘 백성이 고대하던 메시아이다. 그러므로 절망 중에 있던 이스라엘 백성은 영광 중의 왕이신 메시아가 그들을 구원하는 날, 그분 안에서 광활한 땅을 목도하게 될 것이라고 기대했다. 그래서 이 말씀을 육적인 시각에서 해석했던 이스라엘 백성은 그들이 고대하던 영광 중의 왕 메시아가 이 땅에 오실 때 이방의 군대를 섬멸하시고, 이스라엘 백성에게 바벨론 제국보다도, 헬라 제국보다도, 로마 제국보다도 더 큰 영토를 차지하게 해 주시고, 전쟁 승리의 전리품을 분배해 주시고, 예루살렘 성읍보다도 더 크고 견고한 성을 건설하게 해 주실 것으로 믿었을 것이다.

그들은 전쟁의 메시아를 기다렸고, 그 메시아가 이 땅에 오셔서 이스라엘 나라를 유일의 초강대국으로 만드셔서 모든 족속을 굴복시킬 것으로 기대했다. 그래서 이스라엘 백성은 "영광 중의 왕을 보고 광활한 땅을 목도하게 된다."라는 약속의 말씀을 개인의 땅덩어리 넓혀 주는 약속의 소망으로 상상했을 것이다. 그러나 약속의 메시아가 그들에게 가져오셨던 광대한 땅은 이 땅의 보이는 영토가 아니라 이 땅에 속하지 않은 보이지 않는 하나님 나라이다(요 18:36).

구약 이스라엘 백성이 소망했던 광활한 땅은 보이는 가나안 땅, 보이는 아파트 평수로 임했던 것이 아니라 예수 그리스도의 초림과 함께 보이지 않는 하나님의 나라, 곧 천국으로 임했다.

"이르시되 때가 찼고 하나님의 나라가 가까이 왔으니 회개하고 복음을 믿으라 하시더라"(막 1:15)

"바리새인들이 하나님의 나라가 어느 때에 임하나이까 묻거늘 예수께서 대답하여 이르시되 하나님의 나라는 볼 수 있게 임하는 것이 아니요 또 여기 있다 저기 있다고도 못하리니 하나님의 나라는 너희 안에 있느니라"(눅 17:20~21)

사도 바울은 하나님의 나라를 성령 안에서 의와 평강과 희락이라고 했다(롬 14:17). 의와 평강과 희락은 성령의 아홉 가지 열매를 의미한다. 그러므로 예수 그리스도의 초림과 함께 이 땅에 임했던 하나님의 나라를 소유하는 방법은 성령의 열매를 많이 맺음으로 소유할 수 있다. 따라서 많이 사랑할수록 그 사랑을 통해 끝이 없는 사랑의 나라인 하나님 나라를 목도하게 된다. 많이 기뻐하고 즐거워할수록 희락의 나라인 하나님 나라는 내 마음속에서 끝이 없는 지경으로 확대되어 간다. 화평하게 하는 자는 자기 마음속에서 끝이 없는 화평의 나라인 하나님 나라를 얻게 된다. 오래 참을수록 하나님 나라는 내 마음속에서 그 지경을 끝없이 넓히게 된다. 자비한 사람은 그 자비를 통해 모든 영토의 족속을 하나님 나라 안으로 데려올 수 있다. 또한 신앙인들이 선을 행할수록 하나님 나라는 모든 족속을 향해 끝없이 광대한 땅으로 확장되어 간다. 충성하는 자는 그 충성의 결과로 하나님 나라 천국의 지경을 끝없이 넓히게 된다. 온유한 자는 자기 마음속에서 끝없이 그 지경이 넓혀지는 광대한 하나님의 나라를 소유하게 된다. 절제하는 사람의 삶 속에 임한 하나님 나라는 끝없는 지경으로 확대되어 그의 모든 시간과 그의 모든 환경이 하나님 나라로 바뀌게 된다. 이처럼 하나님의 나라는 성령의 열매를 통해서 광대한 땅으로 확장되어 간다.

우리는 그 광대한 땅을 성령의 열매 맺는 삶을 통해 소유할 수 있고, 성령의 열매를 통해 맛볼 수 있고, 성령의 열매 맺는 아름다운 삶을 통해 내 속에 임한 광대한 하나님 나라의 영토를 거닐어 볼 수 있으며, 성령의 열매 맺는 삶을 통해 모든 족속을 하나님의 나라로 돌아오게 함으로 하나님 나라의 지경을 광대하게 확장하게 된다.

14. 야베스가 소망한 지경의 축복은 예수 그리스도의 재림으로 궁극적 성취에 이른다

학사 에스라가 역대기를 기록할 당시에 이스라엘 백성은 바벨론을 떠나 폐허가 되어 버린 하나님의 땅 가나안으로 귀환하던 시기였다. 그들이 돌아온 가나안 땅에는 제대로 거주할 가옥이 있었던 것도 아니고, 제대로 경작할 수 있는 밭이 있었던 것도 아니고, 제대로 재배할 수 있는 포도원이 있었던 것도 아니고, 제대로 가축을 사육할 수 있는 외양간이나 우리가 있었던 것도 아니다. 한때 가나안 땅은 애굽에서 430년간 종살이하던 그들의 조상이 하나님의 도우심으로 가나안 일곱 부족을 물리치고 하나님으로부터 지파별로 가족별로 균일하게 분배받았던 그들의 생업의 터전이었다. 그러나 하나님께서 약속하셨던 축복의 땅은 바벨론 포로에서 돌아온 이스라엘 백성에게 시련의 땅이 되어 있었다. 포로에서 돌아온 당시야말로 하나님의 약속의 축복을 힘입어 다시 한번 이스라엘 백성 모두가 그 옛날 조상 때로부터 분배받았던 기업의 땅에 정착해서 하나님께서 약속하신 땅의 축복을 회복해야 할 절박한 시기였다. 그러므로 에 스라 당시는 이스라엘 백성 개개인 어느 누가 땅 부자 되기를 기도해야 할 때가 아니라 이스라엘 백성 공동체 전체가 하나님 으로부터 분배받았던 기업의 땅에 정착해서 그 지경의 회복을 기도해야 할 때였다.

바로 이때 학사 에스라는 야베스 기도의 소망 속에서 당대 에 가나안 땅으로 귀환한 핍절한 포로귀환민들인 이스라엘 백 성의 민족적 소망을 투영하고자 했던 것이다. 학사 에스라는 이 스라엘 백성 개개인이 기도하고 복 받아서 땅 부자가 되어야 할 필요성 때문에 야베스의 기도를 역대기서에 기록했던 것이 아 니라 핍절한 이스라엘 전체가 약속의 땅인 가나안 지경의 회복 에 대한 하나님의 축복의 약속을 믿어 의심치 않고 신앙에 매진 하게 하기 위해 야베스의 기도를 기록했던 것이다. 그러므로 오 늘 교회세대는 야베스의 신앙을 개인 인생의 경제적 축복의 본 보기로 인용할 것이 아니라 교회세대 전체의 소망, 곧 더 낫고 영구한 기업인 하나님 나라의 소망으로 승화시켜야 한다.

초대 교회 성도들은 예수 그리스도를 믿는다는 이유 하나 때 문에 엄청난 핍박과 막대한 경제적 손실을 겪어야 했다. 그들에 게 히브리서 기자는 다음과 같은 위로의 메시지를 선포했다.

"전날에 너희가 빛을 받은 후에 고난의 큰 싸움을 견디어 낸 것을 생각하라 혹은 비방과 환난으로써 사람에게 구경거리가 되고 혹은 이런 형편에 있는 자들과 사귀는 자가 되었으니 너희가 갇힌 자를 동정하고 너희 소유를 빼앗기는 것도 기쁘게 당한 것은 더 낫고 영구한 소유가 있는 줄 앎이라"(히 10:32~34)

이처럼 초대 교회 성도들이 이 땅에서 산업을 빼앗기는 막대한 경제적 손실을 감당할 수 있었던 것은 더 낫고 영구한 산업인 하나님 나라 곧 천국 기업을 소망했기 때문이다. 그러므로 그들은 그 큰 시련 속에서도 하나님의 약속을 받기 위해 인내했다. 그리고 그들이 인내했던 소망의 결국은 오로지 예수 그리스도가 다시 오시는 날, 즉 예수 그리스도와 함께 하나님 안에 감추인 그들의 생명이 영광 중에 나타나는 날(골 3:3~4), 그들이 꿈꾸었던 영생의 지경이 그 장엄한 비밀의 모습을 나타낼 것이었기에 그들은 그토록 "마라나타! 아멘! 주 예수여, 오시옵소서!"라며 소망을 불태웠던 것이다.

15. 후히 되어 누르고 흔들어 넘치도록 채워 주시는 축복

많은 신앙인이 사람의 계명 수준의 설교에만 아멘을 하다 보니 부자 되어 나누어 주라는 사람의 계명에 대해서는 편안하게 아멘을 한다. 영향력 있는 인생이 되어 나누어 주라는 사람의 계명에 대해서도 편안하게 아멘을 한다. 그러나 '부자 되어 나누어 주라.'는 가르침, '영향력 있는 인생이 되어 나누어 주라.'는 가르침은 이 세상의 어떤 도덕가도, 어떤 종교인도, 어떤 교육자도 하는 이야기이다. 그러나 하나님의 계명은 부자 되어 나누어 주라는 정도가 아니고, 영향력 있는 인생이 되어 나누어 주라는 정도가 아니라 두 벌 옷만 있어도 가난한 형제를 위해 한 벌을 벗어 주라는 것이다(눅 3:11).

부자 되어 나누어 주고, 영향력 있는 인생이 되어 나누어 주는 것은 이 세상 가운데 선한 양심을 가진 사람들이라면 누구든지 할 수 있는 사랑이다. 그러나 두 벌 옷 가운데 한 벌을 벗어 줄 수 있는 사랑은 성령의 충만한 능력을 소유한 하나님의 사람만이 실천할 수 있는 사랑이다. 부자 되고 영향력 있는 인생이 되어 나누어 주라는 가르침과 두 벌 옷만 있어도 한 벌 옷을 벗어 주라는 가르침과는 그 차원이 다르다. 바로 여기에 사람의 계명과 하나님의 말씀의 차이가 있다.

이사야 선지자는 사람의 계명으로 가르침을 받은 사람들이 입으로는 하나님을 가까이하고, 입술로는 하나님을 존경한다고 했다.

"주께서 이르시되 이 백성이 입으로는 나를 가까이하며 입술로는 나를 공경하나 그들의 마음은 내게서 멀리 떠났나니 그들이 나를 경외함은 사람의 계명으로 가르침을 받았을 뿐이라"(사 29:13)

오늘날 입으로는 하나님을 가까이하고, 입술로는 하나님을 공경하는 신앙인들이 부자 되고 영향력 있는 인생이 되어 나누어 주는 자가 되라는 사람의 계명 같은 설교에는 아멘을 하지만 두 벌 옷만 있어도 한 벌을 벗어 나누어 주라는 하나님의 말씀을 듣기는 외면한다. 바로 이것이 신앙의 교만이고, 신앙의 강퍅함이다.

하나님께서 요구하시는 사랑의 삶은 꿈을 이루어 사랑을 실천하는 삶이 아니라 자기 것을 자기 것이라 하지 않고 핍절한 형제를 구제하는 사랑의 삶이다(행 4:32~35).

주님께서는 '주는 자'에게 후히 되어 누르고 흔들어 넘치도록 채워 주시는 축복을 약속하셨다.

"주라 그리하면 너희에게 줄 것이니 곧 후히 되어 누르고 흔들어 넘치도록 하여 너희에게 안겨 주리라 너희가 헤아리는 그 헤아림으로 너희도 헤아림을 도로 받을 것이니라"(눅 6:38)

그러면 여기서 누르고 흔들어 넘치도록 채워 주시는 축복이 무엇인가? 오늘날 쥐꼬리만 한 사랑을 베푸는 사람들은 누르고 흔들어 넘치도록 채워 주시는 축복의 의미를 이 땅의 축복으로 착각한다. 그래서 평소에 사랑도 잘 실천하지 않으면서 어쩌다 간혹 쥐꼬리만 한 사랑의 구제를 행한 후, 이제 하나님께서 내가 나누어 준 만큼, 아니 그 몇 배로 내 물질과 사업을 채워 주실 것이라고 확신들을 한다. 그리고 많은 설교자가 국민윤리 교훈 같은 사랑의 선행은 가르치면서도 하나님의 엄청난 본질적 사랑은 가르치지 않는다. 그러면서 교회가 받을 육적 축복에 대해서는 얼마나 과대 포장해서 교회에게 확신을 주고 위안을 주는지 그들의 설교를 들어보면 참으로 안타깝다.

디모데전서 6:17~19의 말씀에 의하면 주님께서 사랑을 베푸는 자에게 약속하신 후히 되어 누르고 흔들어 차고 넘치도록 채워 주신다는 축복은 이 땅의 물질과 관련된 것이 아니다. 그런데 야베스의 기도를 세속적인 목적으로 적용하는 자들은 하나님께서 자신들에게 재물을 누르고 흔들어 차고 넘치도록 풍성하게 해 주신다고 생각한다. 그래서 그들은 누르고 흔들어 후하게 해 주시는 하나님께서 물질 문제도 해결해 주시고, 더 많은 부동산도 보유하게 해 주시고, 더 넓은 평수의 아파트로 이사도 가게 해 주시고, 더 넓은 사업장을 허락해 주셔서 만사형통하게 해 주실 것이라 믿어 의심치 않으며, 잘되고 부자 되고 성공하는 인생의 꿈을 긍정적 입술로 시인하며 기도한다고 정신이 없다. 그러나 모든 것을 후히 주사 누리게 하시는 하나님의 축복은 물질과 관련된 것이 아니므로 사도 바울은 "정함이 없는 재물에 소망을 두지 말라."라고 경고했다(딤전 6:17).

그러면, 후히 주사 누리게 하시는 하나님께서 선한 일을 행하고 선한 사업에 부하고 나누어 주기를 좋아하는 사람에게 약속하신 축복이 무엇인가(딤전 6:18). 그 축복은 현재에 속한 것이 아니라 장래에 속한 것이다. 그리고 그 축복은 이 땅의 물질이 아니라 저 하늘의 참된 생명의 터, 곧 영생이다(딤전 6:19).

오늘 우리는 하나님의 약속된 축복을 이 땅의 터인 부동산 평수로 생각하지만, 하나님께서 우리에게 주고자 하시는 참된 축복은 물질의 터가 아니라 생명의 터, 곧 영생이다. 그러므로 사랑으로 나누어 주는 자에게 약속하신 후히 되어 누르고 흔들어 넘치도록 채워 주시는 축복은(눅 6:38; 딤전 6:17) 이 땅의 부동산이 아니라 저 하늘의 생명의 터, 곧 영생이다. 이 영생을 위해서 우리가 싸워야 할 신앙의 싸움은 꿈을 디자인하고, 긍정적 사고를 하고, 영향력 있는 인생이 되기 위한 자기 계발이 아니고 의와 경건과 믿음과 사랑과 인내와 온유이다(딤전 6:11~12). 의와 경건과 믿음과 사랑과 인내와 온유는 성령의 9가지 열매를 의미하고, 성령의 9가지 열매는 결국 사랑으로 귀결된다.

희락은 사랑이 넘쳐 나는 상태이며, 화평은 사랑하는 자가 이룰 수 있는 관계이며, 오래 참음은 인내하는 사랑의 순종이며, 자비는 사랑의 마음이고, 양선은 사랑의 실천이며, 충성은 식지 않는 불굴의 사랑이며, 온유는 사랑이 충만한 자의 향기이고 섬김이며 복종이고, 절제는 질서 있는 정제된 사랑의 능력이다.

지금 우리에게 필요한 것은 물질의 힘이 아니라 사랑의 힘이다. 그것은 선한 일을 행하고 선한 사업에 부하고 나누어 주고 동정하는 자가 되기 위해서는 물질이 필요한 것이 아니라 사랑이 필요하기 때문이다. 선한 일을 행하는 것도 사랑이 있어야 가능하고, 선한 사업에 부하여지기 위해서도 사랑이 있어야 가능하고, 나누어 주기를 좋아하는 자가 되기 위해서도 사랑이 있어야 가능하고, 동정하는 자가 되는 것도 사랑이 있어야 가능하다.

하나님은 그 지경의 끝을 알 수 없는 충만하고도 영원한 사랑이시다. 후히 주사 누리게 하시는 하나님께 구해야 하는 것은 물질이 아니라 사랑이다. 그래서 우리는 사랑에 넉넉한 자가 되어야 하고, 사랑에 부유한 자가 되어야 한다. 그러므로 이 사랑을 꿈꾸는 자는, 이 사랑의 비전을 품은 자는 성령을 구하고 찾고 두드린다. 성령을 구하고 찾고 두드리는 자는 후히 주사 누리게 하시는 하나님으로부터 넘치는 사랑을 받아 영생을 위한 굳건한 신앙의 터를 만들어 간다.

16. 주의 손으로 나를 도우사

'주의 손'은 세상의 도움이 아니라 하나님만의 도움을 의미한다. 우리는 흔히 물질적 부와 사회적인 명예가 우리의 삶을 안정되게 해 주는 것으로 생각한다. 그러나 이러한 물질과 명예는 세상이 주는 도움이다. 흔히 우리는 물질 문제가 해결되어야, 사회적 지위가 향상되어야, 하나님이 나를 도우시는 것으로 생각하지만 사망의 음침한 골짜기에서 우리를 건져 내시는 것은 주의 지팡이와 막대기이다(시 23:4). 주의 지팡이와 막대기는 하나님의 도우심의 손으로서 말씀과 성령을 상징한다. 그러므로 하나님의 도우심의 손은 말씀과 성령을 통해 나타난다.

하나님께서 우리를 도우시는 은혜를 체험하는 데 있어 먼저 명심해야 하는 것은 그 도우심을 체험하기에 앞서 어떤 형편에서든지 자족하는 마음이 우리에게 있어야 한다는 것이다. 하나님께서는 우리에게 물질의 넉넉함을 허락하셔서 우리를 도우시는 것이 아니다. 그러나 우리는 물질이 넉넉해지는 것만이 하나님의 도우심이라고 생각하고 물질 문제의 해결을 구하고 찾고 두드린다. 그것은 우리에게 자족의 기쁨, 자족의 감사, 자족의 부요가 없기 때문이다.

물질 문제의 해결을 구하고 찾고 두드리는 사람들은 물질의 넉넉함이 자신들을 보호해 줄 것으로 생각하지만 바로 그 자체가 자족할 줄 모르는 돈을 사랑하는 마음이다. 하나님께서는 돈을 사랑하는 사람은 침륜과 멸망에 빠지게 된다고 경고하신다(딤전 6:6~10).

오늘날 돈을 사랑하는 사람들은 잘못된 선생들, 즉 거짓 선지자들의 미혹을 받아 야베스의 기도를 물질의 넉넉함을 채워주는 세속적 축복의 말씀으로 적용하고 있다. 바로 이들이 먹을 것과 입을 것이 있은즉 족한 줄을 모르고 부하려 하는 사람들이다(딤전 6:9).

하나님은 정녕 우리를 분이시지만 그 도우심은 물질의 넉넉함과는 전혀 관계가 없다. 그러므로 히브리서 기자는 다음과 같이 교훈한다.

"돈을 사랑하지 말고 있는 바를 족한 줄로 알라 그가 친히 말씀하시기를 내가 결코 너희를 버리지 아니하고 너희를 떠나지 아니하리라 하셨느니라 그러므로 우리가 담대히 말하되 주는 나를 돕는 이시니 내가 무서워하지 아니하겠노라 사람이 내게 어찌하리요 하노라 하나님의 말씀을 너희에게 일러 주고 너희를 인도하던 자들을 생각하며 그들의 행실의 결말을 주의하여 보고 그들의 믿음을 본받으라 예수 그리스도는 어제나 오늘이나 영원토록 동일하시니라"(히 13:5~8).

어제나 오늘이나 영원토록 동일하신 하나님이신 예수 그리스도는 우리를 정녕 버리지 않으시고 떠나지 않으시고 도우시는 분이시지만 그 도움을 받기 위해서 먼저 우리는 돈을 사랑하지 말고 있는 바로 족한 줄 알아야 한다.

우리는 주님의 도우심을 물질의 부요를 통해서가 아니라 물질의 부요와 상관없는 자족 가운데서 체험해야 한다. 그러므로 사도 바울과 초대 교회 성도들은 주의 도우심을 자족 가운데서 체험했기 때문에 가난하지만 부요하다고 말할 수 있었고, 아무 것도 가지지 못했지만 모든 것을 가졌다고 고백할 수 있었던 것이다(고후 6:10).

사도 바울과 초대 교회 성도들은 가난 가운데서 주님의 도우심을 물질의 부요로 경험한 것이 아니다. 아무것도 없는 가운데서 주의 도우심을 물질의 풍성함으로 체험한 것이 아니다. 그들이 아무것도 없는 핍절 가운데서 부요와 풍성을 경험했던 것은 성령의 능력 안에 있었기 때문이다. 그들은 성령의 능력 안에서 의와 평강과 희락을 소유했다. 바로 이 의와 평강과 희락이 보이는 가난과 보이는 핍절을 잠시 잠깐의 경한 것으로 여기게 했다.

그들이 가난과 핍절 가운데서 부요함과 풍성함을 누렸던 것은 물질 문제가 해결되었기 때문이 아니다. 그러므로 우리 역시 가난 가운데 있다고 할지라도, 아무것도 없는 가운데 있다고 할지라도 주의 도우심의 손을 물질 문제 해결에서 찾으려 해서는 안 된다.

주의 도우심의 손은 성령의 능력 안에 있고 성령은 말씀과 함께 역사하신다. 그런데 진리의 말씀은 하나님의 도우심이 물질 문제 해결로 나타나는 것이 아니라고 분명히 밝히고 있다(히 13:5~8). 그러므로 진리의 말씀을 통해 주님의 도우심이 어떤 형편에든지 자족하는 사람의 심령에 임하는 것을 알게 되면, 자족하는 바로 그때부터 성령 안에서 하나님의 도우심의 풍성하심이 나타난다.

성령의 능력은 우리에게 물질의 부요를 가져다주는 것이 아니라 의와 평강과 희락의 부요와 풍성함을 가져다주신다. 그 안에서 우리는 하나님의 지팡이와 막대기인 말씀과 성령이 우리를 사망의 음침한 골짜기에서 하나님의 푸른 초장으로 인도해 감을 느끼고 경험하게 된다.

17. 환난을 벗어나 근심이 없게 하옵소서

우리는 환난을 벗어나 근심이 없는 상태를 돈 문제가 해결되어서 물질이 넉넉해지고, 자녀 입시 문제가 해결되어서 자녀가 바라는 대학에 들어가고, 자녀 취업 문제가 해결되어서 바라는 직장에 들어가고, 남편 승진 문제가 해결되어서 좋은 직급으로 승진하고, 좁은 집을 벗어나 꿈꾸었던 넓은 집에 이사 들어가고, 인생의 비전이 성취되어 사회에서 인정받는 영향력 있는 인생이 되는 것으로 생각한다. 그래서 야베스의 기도를 답답한 인생 문제에 적용하여 물질 문제, 자녀 입시 문제 해결을 위해 기도하고, 취업 문제, 남편 승진 문제, 좋은 집에 살게 해 달라고 기도하고, 사회에서 인정받는 영향력 있는 인생이 되게 해 달라고 기도한다. 그러나 성경에서 말하는 근심이 없는 상태는 물질 축복을 받고, 문제 해결을 받고, 꿈을 이루는 것이 아니라 성령 안에서 의와 평강과 희락을 누리는 것이다(롬 14:17). 그런데 오늘 우리는 돈 없고, 사업 안 되고, 자녀 진학 문제와 취업 문제와 남편 승진 문제, 좁은 집에 살고, 가난하게 살고, 사회에서 영향력을 발휘하지 못하는 것을 환난으로 여긴다. 그러나 주님께서 말씀하시는 환난은 오로지 예수 그리스도의 이름과 복음을 위해 받는 핍박이다.

야베스는 환난을 벗어나 근심이 없게 해 달라고 하나님께 기도했고, 예수 그리스도는 우리를 향해 세상에서는 환난을 당한다고 했다.

"너희가 세상에 속하였으면 세상이 자기의 것을 사랑할 것이나 너희는 세상에 속한 자가 아니요 도리어 내가 너희를 세상에서 택하였기 때문에 세상이 너희를 미워하느니라 내가 너희에게 종이 주인보다 더 크지 못하다 한 말을 기억하라 사람들이 나를 박해하였은즉 너희도 박해할 것이요 내 말을 지켰은즉 너희 말도 지킬 것이라"(요 15:19~20)

"이것을 너희에게 이르는 것은 너희로 내 안에서 평안을 누리게 하려 함이라 세상에서는 너희가 환난을 당하나 담대하라 내가 세상을 이기었노라"(요 16:33)

예수 그리스도의 예언대로 이 세상 가운데서 택하심을 입어 사랑받는 우리가 그 사랑의 증거로 환난을 받아야 한다면 피할 수 없는 이 환난 가운데서 어떻게 근심이 없는 상태를 이룰 수 있을 것인가? 꿈의 성취를 통해서인가? 문제 해결을 통해서인가? 영향력을 통해서인가? 아니다. 성령 안에서 의와 평강과 희락이 가져다주는 이 세상에 속하지 않은 평안을 통해서이다.

우리는 세상의 환난 가운데서 예수 그리스도 안에 우리를 위해 예비된 평안을 소유해야 한다. 그러므로 우리가 환난 가운데서 구하고 찾고 두드려야 하는 기도 제목은 성령 안에서 의이고, 성령 안에서 희락이고, 성령 안에서 평강이다. 그러므로 주님께서는 구하고 찾고 두드려야 하는 것이 먹고 마시고 입고의 인생 문제가 아니라 하나님께서 우리에게 주시는 가장 좋은 선물인 '성령'이라고 하셨던 것이다(눅 11:9~13).

하나님께서 우리에게 주시는 가장 좋은 선물은 물질과 성공이 아니다. 그러므로 구약에서 야베스가 꿈꾸었던 '환난을 벗어나 근심이 없는' 상태는 오늘 이 시대에 '성령 안에서 의와 평강과 희락'으로 성취된다. 성령 안에서 의와 평강과 희락, 바로 이것이 예수 그리스도 안에 있는 하늘에 속한 평안이다.

우리는 야베스의 위대한 기도문을 인생의 먹고 마시고 입고의 문제에 적용할 것이 아니라 성령의 의를 구하는 기도로, 성령의 희락을 구하는 기도로, 성령의 평강을 구하는 기도로 승화시켜서 하나님의 나라와 의를 구하는 기도로 적용해야 한다. 오로지 이것은 성령의 능력 안에서만 이루어지는 신앙의 신비이고, 신앙의 기쁨이고, 신앙의 능력이고, 신앙의 기적이다.

이 세상에서는 우리가 환난을 당한다는 예수 그리스도의 말씀대로 사도 바울은 복음 증언을 위해서 이 땅에서 사방으로 우겨쌈을 당하고, 답답한 일을 당하고, 핍박을 당하고, 거꾸러뜨림을 당하는 삶을 살았다. 그 고통의 삶이 얼마나 힘들었든지 사도 바울은 자신이 항상 예수 죽인 것을 몸에 짊어지고 살아간다고 했고, 예수를 위해 죽음에 넘겨진다고 했다.

"우리가 항상 예수의 죽음을 몸에 짊어짐은 예수의 생명이 또한 우리 몸에 나타나게 하려 함이라 우리 살아 있는 자가 항상 예수를 위하여 죽음에 넘겨짐은 예수의 생명이 또한 우리 죽을 육체에 나타나게 하려 함이라"(고후 4:10~11)

사도 바울은 자신의 고달픈 삶 속에서 소유한 하늘의 기쁨과 하늘의 부요와 하늘의 소망에 대해 다음과 같이 고백한다.

"무명한 자 같으나 유명한 자요 죽은 자 같으나 보라 우리가 살아 있고 징계를 받는 자 같으나 죽임을 당하지 아니하고 근심하는 자 같으나 항상 기뻐하고 가난한 자 같으나 많은 사람을 부요하게 하고 아무것도 없는 자 같으나 모든 것을 가진 자로다"(고후 6:9~10)

자신이 무명한 자라고 해서 바울은 장차 자기의 인생이 유명한 자가 되기를 기도하지 않았다. 이유는 자신이 이미 세상에서는 무명해도 하나님 앞에서는 유명한 자였기 때문이다. 자신이 지금 죽게 되었다고 하나님께 살려 달라고 기도하지 않았다. 이유는 자신이 이미 살았고 앞으로도 영원히 살 것이기 때문이다. 자신의 삶이 마치 세상 사람들 보기에는 하나님의 징계를 받는 것 같았지만 절망하지 않았다. 이유는 자신이 죽지 않을 것이기 때문이다. 그는 자신이 세상 사람들 보기에 근심하는 사람처럼 보일 정도로 지치고 힘든 육적인 삶을 살아갔지만 하나님께 세상 근심이 없어지도록 문제 해결 좀 해 주시고, 축복 응답 좀 해 주시고, 인생의 꿈과 비전을 좀 이루어 주시기를 기도하지 않았다. 이유는 이미 자신은 성령 안에서 하늘의 기쁨을 소유하고 있었기 때문이다. 그는 극도로 가난한 삶을 살았다. 그러나 그는 하나님께 자신을 부자 만들어 주셔서 십일조도 좀 많이 하게 해 주시고, 불쌍한 사람들도 좀 돕게 해 주시고, 선교 사업도 좀 하게 해 주시기를 기도하지 않았다. 이유는 자신이 비록 가난할지라도 성령 안에서 넘치는 사랑의 은사를 받아서 없는 가운데서도 형제를 위해 동정을 베풀 수 있는 넉넉한 삶이었기 때문이다(고후 6:10). 또한 그는 아무것도 가진 것이 없었다. 그런데도 모든 것을 가진 사람이라고 고백할 수 있었던 것은 자신의 세상적인 모든 소유를 팔아 밭에 감추인 진주인 예수 그리스도를 소유했기 때문이다.

근심이 없는 기쁨의 상태는 자녀가 바라는 대학에 들어가는 것도 아니다. 남편 사업이 잘 풀어지는 것도 아니다. 가정의 물질 문제 해결되는 것도 아니다. 넓은 아파트 입주하는 것도 아니다. 큰 차 몰고 다니는 것도 아니다. 인생의 꿈을 이루는 것도 아니다. 오로지 성령 안에서 응답되는 하늘의 기쁨이다. 그러므로 우리는 무엇을 구하고 찾고 두드려야 하는가. 그것은 인생문제가 아니라 하나님께서 주시는 가장 좋은 선물인 성령이다 (눅 11:9~13).

하나님께서 야베스가 구한 것을 응답하셨듯이 오늘 우리가 구하는 것도 응답하실 것이다. 고통 가운데서, 환난 가운데서 우리의 마음과 생각이 성령 안에서 의와 평강과 희락으로 다스려진다면 바로 그것이 환난을 벗어나 근심이 없는 상태이다.

18. 고통의 이름 야베스, 그의 운명!

"야베스는 그의 형제보다 귀중한 자라 그의 어머니가 이름하여 이르되 야베스라 하였으니 이는 내가 수고로이 낳았다 함이었더라"(대상 4:9).

야베스라는 이름의 의미는 히브리어로 '고통'을 의미한다. 그러나 신앙의 사람인 우리가 그 이름의 의미에 집착해서 "야베스의 인생의 출발과 장래가 그리 유망해 보이지 않는 삶의 시작이었다."라고 추측하는 것이 그토록 중요한 것일까? 그래서 "고통이라는 의미를 가진 야베스의 출생에는 인생의 어떤 어두운 그림자가 드리워져 있지 않았을까?"라고 추측해 보는 것이 그토록 의미 있는 일일까?

과연 야베스가 슬픈 과거와 현재 생활의 침울함 속에서, 그리고 인생의 허덕임 속에서 꽉 막혀만 보이는 미래를 향해 두 팔을 위로 들어 올리고 "아버지, 아버지, 제게 복을 주세요! 정말로 복 많이 주시기를 원합니다!"라고 부르짖었을까? 그리고 그 부르짖음이 끝나자 현실의 암울한 장벽이 엄청나게 큰 소리를 내며 부서지고, 미래의 부요와 성공의 문이 그에게 활짝 열렸던 것일까? 그래서 역전 인생을 살았다는 말인가? 아니다. 그런데도 문제는 이와 같은 잘못된 추측과 관심들 때문에 야베스의 기도문이 오늘날 교회 안에서 사람의 운명을 바꾸는 '부적'으로 전락하고 말았고, 인생 역전을 위한 입술의 '주문'이 되고 말았다.

모세 선지자는 죽음을 목전에 두고 모압 평지에서 이스라엘의 후세대를 향해 그들이 하나님께 받을 수 있는 수없이 많은 복을 열거하면서 이스라엘 백성이 하나님께서 그들에게 약속하신 모든 축복을 받기 위해서는 하나님의 모든 말씀을 지켜 행해야 한다고 했지(신 28:1~14) 역전될 인생의 미래를 바라보며 긍정적 사고로 "아버지 저에게 복을 주십시오!"라고 하나님께 생떼 쓰라고 하지 않았다.

신명기서 28:2~13을 보면 하나님의 백성은 세계 모든 민족 위에 뛰어날 수 있다. 성읍에서도 복을 받고, 들에서도 복을 받을 수 있다. 몸의 소생과 토지의 소산과 짐승의 새끼와 우양의 새끼가 복을 받고, 광주리와 떡 반죽 그릇이 복을 받을 수 있다. 들어와도 복을 받고, 나가도 복을 받을 수 있다. 한 길로 들어온 대적을 일곱 길로 도망가게 할 수도 있다. 창고가 복을 받고, 손으로 하는 모든 일에 복을 받을 수 있다. 꾸어 줄지라도 꾸지 않는 복을 받을 수 있고, 머리가 되고 꼬리가 되지 않는 복을 받을 수 있다. 그러나 이와 같은 복을 받기 위해서는 암울한 미래를 향해 긍정적 사고로 생떼를 쓰는 야베스의 기도가 필요한 것이 아니라 하나님의 모든 명령을 지켜 행하는(신 28:1) 순종의 삶이 필요하며, 하나님께서 명하는 말씀의 길에서 떠나 좌로나 우로나 치우치지 않는(신 28:14) 삶이 필요한 것이다.

오래전 사사 시대에 생존했던 것으로 추정되는 야베스라는 인물의 이름의 의미와 출생의 비밀이 우리의 구원과 무슨 상관이 있는가? 오늘날 이스라엘 나라에 야베스라는 이름을 가진 사람은 아무도 없는가? 그리고 그들 모두는 그 이름의 의미대로, 그 이름의 운명대로, 그 이름의 저주대로 힘들고 가난하고 고통스럽게 살아가고 있다는 말인가? 오늘 이스라엘 나라에 야곱이라는 이름을 가진 사람은 아무도 없는가? 그리고 야곱이라는 이름을 가진 모든 사람의 운명이 그 이름의 의미대로 움켜잡기만 하는 교활한 인격을 가진 사람들인가? 오늘날 이스라엘 나라에 그 옛날 사사 시대를 배경으로 기록되었던 룻기에 등장하는 나오미의 두 아들 말론과 기룐이라는 이름을 가진 사람은 아무도 없는가? 그리고 있다면 그들 모두는 그 이름의 의미대로, 그 이름의 저주대로 허약해지고 수척해져서 요절했단 말인가? 오늘날 이스라엘 나라에 솔로몬이라는 이름을 가진 사람은 아무도 없는가? 있다면 그들 모두는 그 이름의 의미대로, 그 이름의 축복대로 평화스럽기만 한 삶을 사는가? 그러므로 우리가 야베스라는 이름의 의미에서 삶의 고통과 환난과 시련의 흔적을 찾으려고 노력하는 것은 무의미한 노력이다.

신앙의 길은 운명적 이름의 의미를 역전시키는 것이 아니라 하나님의 말씀대로 실천하는 삶의 열매를 결실하는 것이다. 오늘 우리가 관심을 가지고 살펴보아야 하는 것은 야베스라는 이름의 의미와 운명과의 상관관계가 아니라 하나님께서 우리를 향해 얼마나 철저한 신앙의 삶을 살기를 명령하고 계시는가 하는 것이다. 또한, 우리가 관심을 가지고 살펴보아야 하는 것은 내 신앙의 삶 속에 내 인생의 운명을 바꾸기 위한 야베스의 기도가 있는가 없는가가 아니라 하나님께서 명하신 말씀의 기준에 합당한 열매 맺는 삶을 살고 있는지 아닌지를 돌아보는 것이다.

19. 믿음의 선한 싸움과 기도의 본질

구하고 찾고 두드리는 자에게 주시는 하나님의 가장 좋은 선물이 성령이라고 주님께서 말씀하신 것은 우리가 구하고 찾고 두드려야 하는 기도의 제목이 이 땅의 문제 해결과 축복 응답이 아니라 성령 안에서 기쁨이고, 성령 안에서 부요이기 때문이다.

우리가 성령 안에서의 기쁨과 부요를 소유할 때, 이 땅의 근심된 일들 가운데서도 기쁨의 열매를 결실할 수 있고, 이 땅에서는 가난하다 할지라도 많은 사람에게 사랑의 선행을 실천할 수 있고, 이 땅에서는 아무것도 가지지 못해도 하늘 유업을 가진 참된 부요를 소유할 수 있다. 결국, 우리는 성령 안에서 이 땅의 근심과 이 땅의 가난과 이 땅의 핍절과 상관없이 모든 것을 가진 자가 될 수 있다. 그것은 우리가 믿음의 부요를 간직했기 때문이다(약 2:5).

사도 바울은 아들까지 아끼지 않고 주신 하나님께서 우리에게 모든 것을 주시지 않겠느냐고 했다. 그러면서 아들까지 아끼지 않고 우리에게 주신 하나님께서는 당연히 '모든 것'을 우리를 위해 주시는데, 하나님께서 그 아들 예수 그리스도와 함께 우리에게 주시는 그 모든 것은 이 땅의 부요와 영광이 아니라 '하나님의 은사'라고 했다(롬 8:32).

이 은사는 바로 성령 안에서 주어지는 하나님의 선물이다. 그러므로 사도 바울과 신실한 신앙인들은 성령 안에서 주어지는 하나님의 선물인 은사를 넘치도록 소유한 하늘의 부자였기 때문에 비록 그들의 삶이 이 땅에서는 환난과 곤고와 핍박과 기근과 적신과 위험과 칼의 위협 속에서 주를 위해 마치 종일 죽임을 당하게 되며 도살할 양같이 여김을 받았어도 넉넉히 세상을 이길 수 있었던 것이다(롬 8:35~37)

사도 바울은 하나님께서 주신 모든 것을 은사로 소유했지만 이 땅에서의 삶은 오히려 하루하루가 도살할 양같이 여김을 받을 정도의 환난과 곤고와 핍박과 기근과 적신과 위험과 칼의 위협을 받는 삶을 살았다. 그러나 그는 하나님께서 주시는 모든 것을 성령의 은사로 소유했기에 환난과 핍박과 고난과 가난의 삶을 성령 안에서 의와 평강과 희락으로 넉넉히 이길 수 있었다(롬 14:17).

사도 베드로는 하나님께서 우리에게 주신 것은 물질과 성공이 아니라 생명과 경건에 속한 모든 것이라고 했다(벧후 1:3). 우리 신앙의 싸움은 인생의 꿈을 이루기 위한 싸움이 아니라 생명과 경건에 속한 모든 것을 쟁취하기 위한 싸움이다. 사도 바울은 이 싸움을 믿음의 선한 싸움이라고 했고, 믿음의 선한 싸움을 통해 쟁취해야 하는 것은 인생의 꿈과 비전이 아니라 의와 경건과 믿음과 사랑과 인내와 온유라고 했다(딤전 6:11~12). 결국, 사도 베드로가 말한 생명과 경건에 속한 모든 것은(벧후 1:3) 사도 바울이 믿음의 선한 싸움을 통해 쟁취해야 한다고 했던 의와 경건과 믿음과 사랑과 인내와 온유이다(딤전 6:11)

하나님의 나라와 의를 구하는 기도 제목은 생명과 경건에 속한 모든 것과 관련이 있다. 따라서 우리의 기도는 이 땅의 부와 영광과 성공과 형통을 구하는 기도가 아니라 더 큰 의를 이루고, 더 큰 경건을 이루고, 더 큰 믿음을 소유하고, 더 큰 사랑을 실천하고, 더 큰 인내를 이루고, 더 큰 온유를 나타내기 위한 성령의 능력을 구하는 기도여야 한다. 바로 이것이 주님께서 우리에게 가르쳐 주신 하나님의 나라와 의를 구하는 기도의 본질이다.

20. 하나님께서 우리에게 주시는 모든 것

야베스는 하나님께 복에 복을 더하여 주셔서 지경을 넓혀 주시기를 구하였고, 환난에서 벗어나 근심이 없게 해 주시기를 기도했다. 그리고 하나님께서는 야베스의 기도에 응답하셨다(대상 4:9~10).

오늘 우리는 야베스의 기도를 가장 사랑하는 성경 구절의 하나로 암송하고 있다. 하나님께서 우리가 요청하지 않아서 주지 못하는, 그래서 우리가 요청하기만을 기다리시는 엄청난 복을 소유하고 계시는 분으로만 생각하고 배웠기 때문이다. 그러면서 우리는 하나님께서 우리에게 주고자 하시는 그 엄청난 복을 세상적인 복으로만 생각한다. 그러나 하나님께서 우리에게 주고자 하시는 엄청난 복은 생명과 경건에 속한 모든 것이다.

"그의 신기한 능력으로 생명과 경건에 속한 모든 것을 우리에게 주셨으니 이는 자기의 영광과 덕으로써 우리를 부르신 이를 앎으로 말미암음이라"(벧후 1:3)

자기 아들을 아끼지 않으시고 우리 모든 사람을 위해 내어 주신 이가 아들과 함께 모든 것을 우리에게 주시는 것은 성령의 은사이다.

"자기 아들을 아끼지 아니하시고 우리 모든 사람을 위하여 내주신 이가 어찌 그 아들과 함께 모든 것을 우리에게 주시지 아니하겠느냐"(롬 8:32)

회개하고 예수 그리스도를 구주로 고백한 사람에게 주어지는 선물은 성령이다.

"너희가 회개하여 각각 예수 그리스도의 이름으로 세례를 받고 죄 사함을 받으라 그리하면 성령의 선물을 받으리니"(행 2:38)

지금 우리는 성령 안에서 예수 그리스도로 말미암은 하늘에 속한 모든 신령한 복을 받았다.

"찬송하리로다 하나님 곧 우리 주 예수 그리스도의 아버지께서 그리스도 안에서 하늘에 속한 모든 신령한 복을 우리에게 주시되"(엡 1:3)

이 복은 이 세상에서 영향력 있는 지도자가 되고, 사업가가 되고, 정치가가 되고, 교수가 되고 박사가 되는 축복이 아니다. 거룩하고 흠이 없는 하나님의 아들들이 되고 그분의 나라와 제사장이 되는 축복이다.

"창세전에 그리스도 안에서 우리를 택하사 우리로 사랑 안에서 그 앞에 거룩하고 흠이 없게 하시려고 그 기쁘신 뜻대로 우리를 예정하사 예수 그리스도로 말미암아 자기의 아들들이 되게 하셨으니"(엡 1:4~5)

"너희는 택하신 족속이요 왕 같은 제사장들이요 거룩한 나라요 그의 소유가 된 백성이니 이는 너희를 어두운 데서 불러내어 그의 기이한 빛에 들어가게 하신 이의 아름다운 덕을 선포하게 하려 하심이라 너희가 전에는 백성이 아니더니 이제는 하나님의 백성이요 전에는 긍휼을 얻지 못하였더니 이제는 긍휼을 얻은 자니라"(벧전 2:9~10)

오늘 우리는 야베스가 하나님을 위해 더 나은 사람이 되길 원했고 더 많은 일을 하고 싶어 했기에 하나님께서 그의 구하는 것을 허락해 주셨다고 가르치고 배운다. 그래서 우리는 이 세상의 야망을 거룩한 꿈이라는 단어로 바꾸고, 하나님의 영광을 위한 것이라는 명분으로 우리의 성취 욕구를 포장한다. 그러나 불꽃 같은 눈으로 우리의 심장을 살피시고 폐부를 시험하시는 하나님 앞에서 우리의 세속적인 인생의 꿈이 하나님의 소명으로 바뀌고, 자기를 부인하는 십자가가 되는 것이 아니다.

하나님을 위해 더 나은 사람이 되고, 하나님을 위해 더 많은 일이라는 소원에서 신앙인이 빠지기 쉬운 함정이 있다. 그것은 바로 이 '더'를 향한 소원에는 자기를 부인하는 십자가가(마 16:24) 없고, 떨어져 죽는 밀알의 희생이(요 12:24~25) 없다는 것이다. 그러한 소원의 깊은 내면에는 탐욕이 도사리고 있다. 그러므로 자기를 부인하는 십자가가 없이, 땅에 떨어져 죽는 밀알의 희생이 없이 더 나은 사람이 되고 더 많은 일을 하고 싶다는 기도는 먹고 마시고 입고를 구하는 이방인의 기도이다.

훌륭한 정치가가 되고, 훌륭한 과학자가 되고, 훌륭한 교수가 되고, 훌륭한 사업가가 되고, 명문대학에 들어가기 위한 고난과 인내는 신앙인만이 아니라 예수 믿지 않는 세상 사람들도 다 겪어 내고 참아 내는 고난과 인내이다.

예수께서 우리를 향해 예언하신 것은 꿈이 있는 자는 망하지 않다는 것이 아니라 너희는 세상에서 미움을 받는다는 것이다(요 15:19). 그런데 오늘 우리는 세상에서 미움받는 길을 가고자 하는 것이 아니라 세상에서 사랑받고 인정받는 길을 가고자 헛된 인생의 꿈을 먹고 산다. 그러나 주님께서 예언하신 대로 우리는 세상에 속한 자가 아니고 세상 가운데서 하나님의 택함을 입은 자이기 때문에 세상으로부터 미움을 받을 수 있고, 세상이 주는 부와 성공의 혜택으로부터 소외될 수도 있다.

물론 우리는 더 많은 것을 가지고 더 많은 영향력을 소유해서 빛과 소금이 되자고 말들을 한다. 그러나 성경 역사에서 빛과 소금이 되었던 초대 예루살렘 교회와 초대 마게도냐 교회 가운데는 많이 가진 자도 없었고 영향력을 소유한 자도 없었지만 온 도처에 예수 그리스도의 향기를 가득 뿜어내었다.

"사람마다 두려워하는데 사도들로 말미암아 기사와 표적이 많이 나타나니 믿는 사람이 다 함께 있어 모든 물건을 서로 통용하고 또 재산과 소유를 팔아 각 사람의 필요를 따라 나눠 주며 날마다 마음을 같이하여 성전에 모이기를 힘쓰고 집에서 떡을 떼며 기쁨과 순전한 마음으로 음식을 먹고 하나님을 찬미하며 또 온 백성에게 칭송을 받으니 주께서 구원받는 사람을 날마다 더하게 하시니라"(행 2:43~47)

"또 너희는 많은 환난 가운데서 성령의 기쁨으로 말씀을 받아 우리와 주를 본받은 자가 되었으니 그러므로 너희가 마게도냐와 아가야에 있는 모든 믿는 자의 본이 되었느니라 주의 말씀이 너희에게로부터 마게도냐와 아가야에만 들릴 뿐 아니라 하나님을 향하는 너희 믿음의 소문이 각처에 퍼졌으므로 우리는 아무 말도 할 것이 없노라"(살전 1:6~8)

하나님께서는 가난한 자를 부자 만들어 빛과 소금이 되게 하시려는 것이 아니다. 비록 부자가 아닐지라도, 아니 오히려 가난하면서도 예수 그리스도의 사랑을 실천하는 선행의 빛과 맛을 통해 예수 그리스도의 사랑의 소문이 각처에 나타나게 하려 하신다. 하나님께서는 영향력 없는 인생을 영향력 있게 만들어 빛과 소금이 되게 하시려는 것이 아니다. 비록 영향력을 가지지 못한 사람이라 할지라도 오히려 영향력을 가진 사람들보다도 더 많이 예수 그리스도의 사랑을 실천하는 선행의 빛과 맛을 통해 예수 그리스도의 사랑의 소문이 각처에 나타나게 하려 하신다. 바로 이것이 하나님께서 영광을 받고자 하시는 방법이다.

"형제들아 너희를 부르심을 보라 육체를 따라 지혜로운 자가 많지 아니하며 능한 자가 많지 아니하며 문벌 좋은 자가 많지 아니하도다 그러나 하나님께서 세상의 미련한 것들을 택하사 지혜 있는 자들을 부끄럽게 하려 하시고 세상의 약한 것들을 택하사 강한 것들을 부끄럽게 하려 하시며 하나님께서 세상의 천한 것들과 멸시 받는 것들과 없는 것들을 택하사 있는 것들을 폐하려 하시나니 이는 아무 육체도 하나님 앞에서 자랑하지 못하게 하려 하심이라"(고전 1:26~29)

하나님의 영광을 구한다는 명분으로 생명과 경건에 속한 모든 것이(벧후 1:3) 아닌 이 땅의 성취를 구하는 기도를 성숙한 야베스의 기도로, 신령한 야베스의 기도로, 공손한 야베스의 기도로, 영적인 야베스의 기도로, 하나님이 듣고 싶어 하시는 야베스의 기도로 가르치는 교훈은 주님이 가르쳐 주신 나라와 의를 구하는 기도의 목적을 변질시킨 사탄의 궤계이고 대적이다.

이 땅의 성취를 구하는 기도는 미숙한 기도이고, 속물스러운 기도이고, 예수 그리스도 안에서 하늘에 속한 모든 신령한 복을 받았음에도 그 복을 감사치 않는 불손하고 패역한 기도이고, 세속적인 이방인의 기도이다. 이런 기도는 하나님이 듣기 싫어하신다.

생명과 경건에 속한 모든 것은 성령 안에 있다. 그러므로 우리는 성령 안에서 생명과 경건에 속한 모든 것을 구하고, 생명과 경건에 속한 삶의 열매를 결실해야 한다.

글을 마치면서

고대인들은 이름에 의해 운명이 결정되며, 오직 그 운명을 바꾸는 방법은 개명(改名)이라고 생각했다. 그러나 신앙인의 운명은 이름을 바꾼다고 되는 것이 아니다. 신앙인은 오로지 예수 그리스도의 대속의 은혜 안에서 죄인에서 의인으로 그 신분이 바뀌었다. 그러므로 우리의 신분은 예수 그리스도로 말미암아 이미 거룩해졌고, 의로워졌다. 우리의 신분은 예수 그리스도로 인해 이 땅의 백성이 아니라 하나님 나라의 백성이 되었다. 이것보다 더 큰 신분 상승이 어디 있겠는가? 이것보다 더 큰 운명의 변화가 어디 있겠는가?

신앙인의 삶의 목적은 기도 시간의 길이로, 기도 소리의 크기로 자신의 세상적인 운명을 바꾸는 데 있지 않다. 그런데 오늘 우리는 이 땅에서 좋은 대학에 들어가고, 좋은 배필을 만나고, 좋은 직장에 입사하고, 좋은 차를 타고, 좋은 집에 살고, 만사형통하여 근심 걱정 없는 것이 하나님께서 우리에게 주시는 부요의 축복이라고 생각한다. 그래서 이 땅에서의 외적인 조건에 의해 기쁨을 누리며 그것을 축복이라고 여긴다.

하나님께서 성령 안에서 우리에게 주시는 기쁨과 부요는 이 땅에서의 외적인 조건과 환경에 의해 주어지는 것이 아니다. 그러므로 우리는 이 땅의 물질과 형통과 성공과 명예 안에서 기쁨과 부요를 찾지 말고, 성령 안에서 영원히 고갈되지 않는 하늘의 기쁨과 부요를 갈망하고 누려야 한다.

이 땅의 외적인 기쁨과 부요는 야곱의 우물물에 불과한 것이다. 다섯 남편을 전전하고도 만족하지 못했던 사마리아 여인에게 필요한 것은 좋은 배필을 만나는 것도, 야곱의 우물물을 마시는 것도 아니다. 영생하도록 솟아나는 생수를 마시는 것이다.

"사마리아 여자가 이르되 당신은 유대인으로서 어찌하여 사마리아 여자인 나에게 물을 달라 하나이까 하니 이는 유대인이 사마리아인과 상종하지 아니함이러라 예수께서 대답하여 이르시되 네가 만일 하나님의 선물과 또 네게 물 좀 달라 하는 이가 누구인 줄 알았더라면 네가 그에게 구하였을 것이요 그가 생수를 네게 주었으리라 여자가 이르되 주여 물 길을 그릇도 없고 이 우물은 깊은데 어디서 당신이 그 생수를 얻겠사옵나이까 우리 조상 야곱이 이 우물을 우리에게 주셨고 또 여기서 자기와 자기 아들들과 짐승이 다 마셨는데 당신이 야곱보다 더 크니이까 예수께서 대답하여 이르시되 이 물을 마시는 자마다 다시 목마르려니와 내가 주는 물을 마시는 자는 영원히 목마르지 아니하리니 내가 주는 물은 그 속에서 영생하도록 솟아나는 샘물이 되리라"(요 4:9~14)

"여자가 물동이를 버려두고 동네로 들어가서 사람들에게 이르되 내가 행한 모든 일을 내게 말한 사람을 와서 보라 이는 그리스도가 아니냐 하니 그들이 동네에서 나와 예수께로 오더라"(요 4:28~30)

사마리아 여인은 복음의 생수, 성령의 생수를 마시고 한때 부끄럽고 두려워 나가기를 꺼렸던 동네 한가운데서 예수 그리스도를 그 옛날 모세가 예언했던 그 선지자로(신 18:15, 18) 증언하는 담대한 증인이 되어 복음의 지경을 넓히는 신앙인으로 변화되었다.

오늘 우리 역시, 마셔도 다시 목마를 야곱의 우물물이나 마시면서 세속의 꿈을 좇아다닐 것이 아니라 영원히 목마르지 않은 '복음의 생수' '성령의 생수'를 마시고 예수 그리스도 복음의 증인이 되어 천국의 지경을 넓히는 삶을 살아야 한다.

구약의 축복은 신약의 축복의 그림자이다. 구약의 축복은 보이는 외적 축복이었지만 신약의 축복은 보이지 않는 내적 축복, 즉 신령한 축복이다. 그러므로 우리의 돌아보는 것은 보이는 것이 아니라 보이지 않는 것이다(롬 8:24). 보이지 않는 것을 돌아보는 것은, 보이는 것은 잠깐이요 보이지 않는 것은 영원하기 때문이다(고후 4:18).

우리는 보이지 않는 영원함을 삶의 소망으로 가졌기에 이 땅에서의 환난조차도 잠시 잠깐의 경한 것으로 생각할 수 있다. 그것은 잠시 받는 환난의 경한 것이 지극히 크고 영원한 영광의 중한 것을 우리에게 이루게 하기 때문이다(고후 4:17). 결국, 우리가 바라보는 영광의 소망, 중한 소망, 영원한 소망은 예수 그리스도 안에 감추어진 생명의 영광이다(골 3:3~4). 그러므로 우리는 이 생명의 영광을 영원히 소유하기 위해 이 땅의 것을 바라보지 않고 하늘만을 바라보아야 한다(골 3:1~2).

우리는 목숨을 위해 무엇을 먹을까를 염려해서는 안 되기에 그것을 위해 기도해서도 안 된다. 이유는 목숨이 음식보다 중하며, 몸이 의복보다 중하기 때문이다(마 6:25, 31). 이 땅에서 아무리 많이 먹을 수 있어도, 이 땅에서 아무리 많이 마실 수 있어도, 이 땅에서 아무리 많이 입을 수 있어도, 어떻게 생명의 부요와 바꿀 수가 있겠는가. 그러므로 참된 신앙의 싸움은 오로지 영생이라는 하나의 유일무이한 중하고도 영원한 영광을 쟁취하기 위한 끝없는 싸움이다(딤전 6:12).

하나님께서 우리에게 후히 주셔서 누리게 하시는 축복의 모든 것은 재물과 관련이 없다(딤전 6:17). 하나님께서 명하신 영원한 축복은 영생이다(시 133:3). 하나님께서 우리에게 후히 주셔서 누리게 하시는 축복의 모든 것은 영생 안에 있다. 그러므로 사도 바울은 예수 그리스도 안에 감추어진 이 생명을 영원히 후하게 누리기 위해 땅의 것을 생각하지 말라고 권고했다(골 3:1~4).

사도 요한은 땅에 속한 모든 것을 육신의 정욕과 안목의 정욕과 이생의 자랑으로 정죄하고 오로지 하나님만을 사랑할 것을 명령했다(요일 2:15~17).

야베스의 기도는 예수 그리스도 안에서 이미 응답되었다. 그 옛날 야베스가 꿈꾸었던 가나안의 일경보다도 더 크고 광활한 하나님의 나라가 우리의 유업으로 주어졌기 때문이다(약 2:5).

그 옛날 이사야 선지자는 '하나님의 나라'를 우리의 왕이신 예수 그리스도 안에서 약속의 자녀들이 소유할 광활한 땅으로 노래했다(사 33:17).

이 나라 곧 광활한 땅의 지경은 성령의 열매 맺는 삶을 통해서 끝없이 그 경계를 확장해 간다. 이제 우리 모두 성령의 열매 맺는 삶을 통해 구약의 야베스가 응답받았던 기업의 땅보다도 더 넓고 광활한 하나님의 나라를 유업으로 받는 복된 신앙인이 되어야 할 것이다.

동산 중앙의 선악과가
되어버린 **야베스의 기도**

지은이 김나사로
발행일 2022년 11월 01일

펴낸이 이민영
펴낸곳 진리의 방주
주소 부산광역시 동구 중앙대로260번길 3-11
전화 051-803-0691
등록번호 제2020-000009호(2020.12.22)

저작권ⓒ진리의 방주, 2022
ISBN 979-11-974225-4-6 (03230)

값 12,000원